Manual de Direito
da Segurança e Saúde no Trabalho

PAULA QUINTAS

OBRAS PUBLICADAS:

- "Manual de Direito do Trabalho e do Processo do Trabalho", Almedina, 5ª ed, 2016, em co-autoria.
- "Legislação Turística – Anotada", 6ª ed., Almedina, 2014.
- "Direitos de Personalidade do Trabalhador", Tese de Doutoramento, Almedina, 2013.
- "Código do Trabalho Anotado e Comentado", 3ª ed., Almedina, 2012, em co-autoria.
- "Novo (O) Regime Jurídico de Instalação, Exploração e Funcionamento dos Empreendimentos Turísticos", Almedina, 2008.
- "Regime Jurídico dos Títulos de Crédito – Compilação anotada com Jurisprudência", 2ª ed., Almedina, 2007, em co-autoria.
- "Regime (O) Jurídico dos Despedimentos", Almedina, Reimpressão, 2007, em co-autoria.
- "Prática (Da) Laboral à Luz do *Novo* Código do Trabalho", 4ª ed., Almedina, 2007, em co-autoria.
- "Regulamentação do Código do Trabalho", 3ª ed., Almedina, 2006, em co-autoria.
- "Direito do Turismo", Almedina, 2003.
- "Problemática (Da) do Efeito Direto nas Diretivas Comunitárias", *Dixit*, 2000.
- "Direito do Consumidor e Tutela de Outros Agentes Económicos", Almeida & Leitão, Lda., 1998.

ARTIGOS PUBLICADOS:

- "A problemática constitucional da justa causa objetiva", no prelo.
- "O *Direito à Palavra* no mundo do trabalho: liberdade de expressão ou delito de opinião?", PDT, nºs 76-78.
- "Apreciação de alguns aspetos cruciais do «Livro Branco das Relações Laborais» no que concerne à contratação individual – a *pulsão flexibilizadora* do legislador, PDT, nºs 74-75.
- "A *dificultosa* transposição da Diretiva 98/59/CE, do Conselho, de 20 de julho de 1998 (despedimentos coletivos)", *Scientia Iuridica*, nº 302.
- "A precariedade dentro da precariedade ou a *demanda* dos trabalhadores à procura de primeiro emprego", Questões Laborais, nº 24.
- "A diretiva nº 80/987 (quanto à aproximação das legislações dos Estados-membros respeitantes à proteção dos trabalhadores assalariados em caso de insolvência do empregador) – o antes e o depois de *Francovich*", Questões Laborais, nº 16.
- "A *preversidade* da tutela indemnizatória do art. 443º do CT – a desigualdade entre iguais (breve reflexão)", PDT, nº 71, CEJ.

Manual de Direito da Segurança e Saúde no Trabalho

4ª EDIÇÃO

Paula Quintas
Doutora em Direito do Trabalho
Docente Especialista em Direito do Trabalho
Pós-Graduada em Estudos Europeus
Mestre em Direito Comunitário
Professora do Ensino Superior

MANUAL DE DIREITO DA SEGURANÇA E SAÚDE NO TRABALHO

AUTOR
Paula Quintas
1ª Edição: Março, 2006
EDITOR
EDIÇÕES ALMEDINA, S.A.
Rua Fernandes Tomás, nºs 76, 78, 80
3000-167 Coimbra
Tel.: 239 851 904 · Fax: 239 851 901
www.almedina.net · editora@almedina.net
DESIGN DE CAPA
FBA.
PRÉ-IMPRESSÃO
EDIÇÕES ALMEDINA, S.A.
IMPRESSÃO | ACABAMENTO
PENTAEDRO, LDA.

Julho, 2016
DEPÓSITO LEGAL
413070/16

Os dados e as opiniões inseridos na presente publicação são da exclusivas responsabilidade do(s) seu(s) autor(es).
Toda a reprodução desta obra, por fotocópia ou outro qualquer processo, sem prévia autorização escrita do Editor, é ilícita e passível de procedimento judicial contra o infrator.

 | GRUPOALMEDINA

BIBLIOTECA NACIONAL DE PORTUGAL – CATALOGAÇÃO NA PUBLICAÇÃO
QUINTAS, Paula, 1965-
Manual de direito da segurança e
saúde no trabalho. – 4ª ed. - (Manuais
profissionais)
ISBN 978-972-40-6638-7
CDU 349

PREFÁCIO

O "Manual de Direito da Segurança e Saúde no Trabalho" que agora se publica é um trabalho essencialmente informativo, e de contextualização das temáticas de segurança e saúde, vocacionado para destinatários gerais, com ou sem formação jurídica.

Das temática tratadas, aquela onde se teceram algumas considerações e problematizações (esperamos, que de relevo) foi a dedicada à vigilância na saúde, atendendo à sensibilidade do conteúdo e ao potencial efeito constrangedor que suscita.

A obra é dividida em XI capítulos, que correspondem a nosso ver, ao mínimo informativo que este direito em especial exige, distribuídos da forma seguinte:

Capítulo I – Introdução ao direito da segurança e saúde do trabalho
Capítulo II – As fontes de Direito
Capítulo III – Enquadramento contratual das relações laborais
Capítulo IV – O regime jurídico da organização dos serviços de prevenção das empresas
Capítulo V – O direito de segurança no trabalho e os direitos de personalidade do trabalhador e do candidato a emprego
Capítulo VI – A intervenção dos técnicos de segurança no trabalho e dos representantes dos trabalhadores para a segurança e saúde no trabalho
Capítulo VII – O regime de tutela dos trabalhadores vulneráveis
Capítulo VIII – Os acidentes de trabalho
Capítulo IX – As doenças profissionais, as doenças crónicas e as doenças de declaração obrigatória
Capítulo X – Direito penal do trabalho
Capítulo XI – O regime jurídico das contraordenações laborais

Como é sempre nosso ensejo, esperamos que a obra corresponda às necessidades de quem a consulta, no estudo e aplicação dos regimes jurídicos contemplados.

E que, de alguma forma, possa contribui para mais e melhor prevenção da segurança no trabalho.

Grijó, 26 de maio de 2016.

ABREVIATURAS

AA	Autores
AAFDL	Associação Académica da Faculdade de Direito de Lisboa
Ac.	Acórdão
ACT	Autoridade para as Condições de Trabalho
ADSTA	Acórdãos Doutrinais do Supremo Tribunal Administrativo
AESST	Agência Europeia para a Segurança e Saúde no Trabalho
BFD	Boletim da Faculdade de Direito da Universidade de Coimbra
BITE	Bureau International du Travail
BMJ	Boletim do Ministério da Justiça
BTE	Boletim do Trabalho e Emprego
CC	Código Civil, aprovado pelo Decreto-Lei nº 47 344, de 25 de novembro de 1966
CCom.	Código Comercial, aprovado pelo Lei de 28 de junho de 1888
CE	Comunidade Europeia
CEDH	Convenção Europeia dos Direitos do Homem
CEE	Comunidade Económica Europeia
CEEP	Centro Europeu das Empresas Públicas
CEJ	Centro de Estudos Judiciários
CES	Confederação Europeia dos Sindicatos
CID	Classificação Internacional de Doenças
CIRE	Código da Insolvência e da Recuperação de Empresas, aprovado pelo Decreto-Lei nº 53/2004, de 18 de março
CITE	Comissão para a Igualdade do Trabalho e no Emprego
CJ	Coletânea de Jurisprudência
CJTJ	Coletânea de Jurisprudência do Tribunal de Justiça da Comunidade Europeia
CNDT	Congresso Nacional de Direito do Trabalho
CNPD	Comissão Nacional de Proteção de Dados
CNECV	Conselho Nacional de Ética para as Ciências da Vida

COREPER	Comité dos Representantes Permenentes
CPA	Código de Procedimento Administrativo
CPC	Código de Processo Civil, aprovado pela Lei nº 41/2013, de 26 de junho (na redação dada pela Lei nº 122/2015, de 01/09)
CPT	Código de Processo do Trabalho, aprovado pelo Decreto-Lei nº 480/99, de 09 de novembro (na redação dada pela Lei nº 63/2013, de 27/08)
CRP	Constituição da República Portuguesa, de 02 de abril de 1975
CSC	Código das Sociedades Comerciais, aprovado pelo Decreto-Lei nº 262/86, de 02 de setembro (na redação dada pela Lei nº 148/2015, de 09/09)
CT	Código do Trabalho, aprovado pela Lei nº 7/2009, de 12 de fevereiro (na redação dada pela Lei nº 8/2016, de 01/04)
DC	Doenças Crónicas
DDO	Doenças de Declaração Obrigatória
DGS	Direção-Geral de Saúde
DGERT	Direção-Geral do Emprego e das Relações de Trabalho
DLJ	Dicionário de Legislação e Jurisprudência
DP	Doenças Profissionais
DR	Diário da República
EIRL	Estabelecimento Individual de Responsabilidade Limitada
FAT	Fundo de Acidentes de Trabalho
FUNDAP	Fundo de Atualização de Pensões de Acidentes de Trabalho
IDICT	Instituto de Desenvolvimento e Inspeção das Condições de Trabalho
IGT	Inspeção Geral do Trabalho
IP	Incapacidade Permanente
IPA	Instituto Português de Acreditação
IPA	Incapacidade Permanente Absoluta
IPP	Incapacidade Permanente Parcial
IPQ	Instituto Português de Qualidade
ISHST	Instituto de Segurança, Higiene e Saúde no Trabalho
IT	Incapacidade Temporária
JOC	Jornal Oficial das Comunidades Europeias
LAT	Regime Jurídico dos Acidentes de Trabalho, aprovado pela Lei nº 98//2009, de 4 de setembro)
LCCT	Regime Jurídico da Cessação do Contrato de Trabalho, aprovado pelo Decreto-Lei nº 64-A/89, de 27 de fevereiro
LCT	Regime Jurídico do Contrato Individual de Trabalho, aprovado pelo Decreto-Lei nº 49 408, de 24 de novembro de 1969
LDT	Regime Jurídico da Duração do Contrato de Trabalho, aprovado pelo Decreto-Lei nº 409/71, de 27 de setembro

ABREVIATURAS

LFFF	Regime Jurídico das Férias, Feriados e Faltas, aprovado pelo Decreto-Lei nº 874/76, de 28 de dezembro
LPDP	Lei de Proteção de Dados Pessoais, aprovada pela Lei nº 67/98, de 26 de outubro
MJ	Ministério da Justiça
OIT	Organização Internacional de Trabalho
PDT	Prontuário de Direito do Trabalho
PE	Parlamento Europeu
PGR	Procuradoria Geral da República
QL	Questões Laborais
RC	Relação de Coimbra
RDES	Revista de Direito e de Estudos Sociais
RE	Relação de Évora
RJSST	Regime Jurídico da Segurança e Saúde no Trabalho
RL	Relação de Lisboa
ROA	Revista da Ordem dos Advogados
RP	Relação do Porto
RTSHT	Representante dos trabalhadores para a segurança no trabalho
SDN	Sociedade das Nações
SNPRP	Sistema Nacional de Prevenção de Riscos Profissionais
SPOCE	Serviços de Publicações Oficiais da Comunidade Europeia
STJ	Supremo Tribunal de Justiça
TC	Tribunal Constitucional
TCE	Tratado Constitucional Europeu
TJCE	Tribunal de Justiça das Comunidades Europeias
TNI	Tabela Nacional de Incapacidades
TR	Tratado de Roma
TUE	Tratado da União Europeia
UC	Unidade de Conta
UE	União Europeia

Capítulo I
Introdução ao direito da segurança e saúde do trabalho

1. O direito da segurança e saúde do trabalho como direito nascente:
O direito da segurança e saúde do trabalho, como área disciplinar, cuida da prevenção e reparação de acidentes de trabalho ou incidentes de trabalho e das doenças profissionais, enaltecendo o trabalho exercido em condições físicas e psicológicas adequadas.

As normas relativas à segurança e saúde no trabalho visam atuar a montante, de molde a evitar ou atenuar o acidente de trabalho. Essa atuação preventiva tem de e deve ser cada vez mais valorizada.

Segundo FERNANDO CABRAL e MANUEL ROXO[1], podemos definir da seguinte forma os conceitos de segurança e saúde no trabalho:

- segurança no trabalho: "compreende o conjunto de metodologias adequadas à prevenção de acidentes de trabalho, tendo como principal campo de ação o reconhecimento e o controlo dos riscos associados aos componentes materiais do trabalho";
- saúde no trabalho: "é uma abordagem que não se contém, apenas, na vigilância médica visando a ausência de doença ou enfermidade (*Vd.* Artigo $3^{\circ}/e$) da Convenção 155 da OIT). O conceito de «saúde do trabalho» corresponde ao definido pelo Comité Misto da Organização Mundial da Saúde e da Organização Internacional do Trabalho (1950) que compreende a promoção e a manutenção do mais alto grau de bem-estar físico, mental e social dos trabalhadores em todas as profissões e, não apenas, a ausência de enfermidade ou doença".

---

[1] *Segurança e Saúde do Trabalho – Legislação Anotada*, 3ª ed., Almedina, 2004, p. 51.

Breve indicação histórica:

Pelo Decreto-Lei nº 171/2004, de 17.07. (arts. 38º, nº 5 e 39º) procedeu-se à extinção do Instituto de Desenvolvimento e Inspeção das Condições de Trabalho (IDICT) e criou-se o Instituto de Segurança, Higiene e Saúde no Trabalho (ISHST), que visava promover a segurança, higiene, saúde e bem-estar no trabalho, coordenando, executando e avaliando as políticas no âmbito do Sistema Nacional de Prevenção dos Riscos Profissionais.

Referia-se no preâmbulo do diploma que "Nas áreas do emprego, da formação profissional e das relações e condições de trabalho faz-se salientar o regresso da Inspeção-Geral do Trabalho no âmbito da administração direta do Estado, deste modo permitindo a criação do Instituto para a Segurança, Higiene e Saúde no Trabalho, I. P.; e, assim, aproximando a estrutura operativa encarregada da execução dos programas e ações decorrentes das políticas e dos regimes estabelecidos em matéria de prevenção dos riscos profissionais".

Cabendo à Inspeção-Geral do Trabalho o controlo e fiscalização do "cumprimento das normas relativas às condições de trabalho, emprego, desemprego e pagamento das contribuições para a segurança social" (art. 15º, nº 1).

Por sua vez, o Instituto para a Segurança, Higiene e Saúde no Trabalho, I. P., possuía "por objetivo a execução das políticas de segurança, saúde e bem-estar no trabalho" (art. 25º, nº 1).

A Lei Orgânica do Ministério da Solidariedade, Emprego e Segurança Social, aprovada pelo DL nº 167-C/2013, de 31 de dezembro (e alterada pelo DL nº 28/2015, de 10/02), declara que cabe à Direção-Geral do Emprego e das Relações de Trabalho (DGERT), "apoiar a conceção das políticas relativas ao emprego, formação e certificação profissional e às relações profissionais, incluindo as condições de trabalho e de segurança, saúde e bem-estar no trabalho, cabendo-lhe ainda o acompanhamento e fomento da contratação coletiva e da prevenção de conflitos coletivos de trabalho"(artigo 12º, nº 1).

A ACT prossegue as atribuições definidas pelo art. 2º do Decreto Regulamentar nº 47/2012, de 31 de julho (o qual revogou o Decreto-Lei nº 326-B/2007, de 28 de setembro), cabendo-lhe a "promoção da melhoria das condições de trabalho, através da fiscalização do cumprimento das normas em matéria laboral e o controlo do cumprimento da legislação relativa à segurança e saúde no trabalho, bem como a promoção de políticas de prevenção dos riscos profissionais, quer no âmbito das relações laborais privadas, quer no âmbito da Administração Pública" (art. 2º, nº 1).

Os arts. 281º a 284º, do Código do Trabalho (aprovado pela Lei nº 7//2009, na redação dada pela Lei nº 8/2016, de 01/04), são dedicados à "Prevenção e reparação de acidentes de trabalho e doenças profissionais".

O art. 284º, do CT, remete para legislação específica, a qual corresponde à Lei nº 98/2009, de 4 de setembro, que aprovou o regime jurídico de reparação de acidentes de trabalho e de doenças profissionais.

O regime jurídico de promoção da segurança e saúde no trabalho (adiante designado por RJSST) foi aprovado, por sua vez, pela Lei nº 102//2009, de 10 de setembro (cuja quinta alteração foi realizada pela Lei nº 146/2015, de 09/09).

A articulação entre o regime dos acidentes de trabalho e o regime da promoção da segurança e saúde no trabalho é demonstrada no artigo 111º, nº 1 da Lei nº 102/2009, de 10 de setembro, que indica caber ao empregador a comunicação "ao serviço com competência inspetiva do ministério responsável pela área laboral os acidentes mortais, bem como aqueles que evidenciem lesão física grave, nas 24 horas a seguir à ocorrência".

O serviço com competência inspetiva do ministério responsável pela área laboral a que alude o nº 2, corresponde à Autoridade para as Condições do Trabalho (ACT), nos termos do art. 2º, nº 1, Dec. Reglm. n.º 47//2012, de 31 de julho.

Devendo tal comunicação conter a identificação do trabalhador acidentado e a descrição dos factos, acompanhada de informação e respetivos registos sobre os tempos de trabalho prestado pelo trabalhador nos 30 dias que antecederam o acidente (art. 111º, nº 2).

O empregador deve prestar, no quadro da informação relativa à atividade social da empresa, informação sobre a atividade anual desenvolvida pelo serviço de segurança e de saúde no trabalho em cada estabelecimento (art. 112º).

Capítulo II
As fontes de Direito

1. Breve apontamento sobre a existência, vinculatividade e vigência do Direito

Os arts. 1º a 4º do Código Civil enumeram as fontes de direito.

Antes, no entanto, vamos indagar do sentido a dar ao termo fonte.

A doutrina apresenta quatro sentidos a atribuir à expressão fonte de Direito.

a) Sentido sociológico-material

Pode designar-se por "fonte" todo o circunstancialismo social que esteve na origem de determinada norma.

b) Sentido histórico-instrumental

Este sentido valoriza os diplomas legislativos que contêm normas jurídicas. Por ex., a Lei das XII Tábuas, o Código de Hamurabi, as Ordenações Manuelinas, a Constituição da República Portuguesa, o Código Civil.

c) Sentido político-orgânico

O sentido político-orgânico atende à produção legislativa por parte dos orgãos políticos, que detêm o poder legislativo.

d) Sentido técnico-jurídico

Este sentido traduz os modos de formação e revelação das normas jurídicas. Assim, são consideradas fontes de Direito: a lei, o costume, a jurisprudência e a doutrina.

É este o sentido consagrado literalmente no Código Civil e aquele que, de entre todos, mais revela para nós.

Ainda, se apresenta uma outra classificação de fonte:

a) Fontes imediatas (art. 1º Cód. Civil), dado que possuem força vinculativa própria, sendo verdadeiros modo de produção do direito.

a.a.) Fontes mediatas (arts. 3º e 4º Cód. Civil), pois somente influenciam o processo de formação e de revelação das normas jurídicas, aplicando-se apenas quando a lei assim prevê.

b) Fontes voluntárias, porque representam uma intenção de criação de normas jurídicas (lei, jurisprudência, *normas corporativas* e doutrina).

b.b.) Fontes não voluntárias, por serem aquelas em que o Direito surge sem que haja intenção da sua constituição (costume, *i.e*, prática reiterada no tempo acompanhada da convicção da sua obrigatoriedade; e princípios fundamentais de Direito, que são a consciência coletiva da comunidade).

2. A lei

a) Sentido material

O sentido material refere-se à emissão ou criação de normas jurídicas, sob a forma escrita, pela autoridade/orgão competente.

Consideram-se atos legislativos as leis, os decretos-leis e os decretos legislativos regionais (artigo 112º, nº 1, da CRP).

aa) Pressuposto da lei em sentido material

Impõe-se que a lei seja emanada de uma autoridade competente, ou seja, de uma entidade que possui poderes necessários para criar normas jurídicas, atribuídos pela Constituição da República Portuguesa.

Os orgãos legiferantes, ou, por outras palavras, os orgãos que detêm o poder legislativo na nossa ordem constitucional são:

– a Assembleia da República, que detém a competência de fazer leis sobre todas as matérias, salvo as reservadas pela Constituição ao Governo (art. 161, nº 1, al. *c*), da CRP), de conferir ao Governo autorizações legislativas (al. *d*)) e de conferir às assembleias legislativas regionais as autorizações previstas na alínea *b*) do nº 1 do art. 227º, da CRP (al. *e*)).

A Assembleia da República possui competência exclusiva nas matérias constantes do art. 164º, da CRP.

– o Governo possui competência para fazer decretos-leis em matérias não reservadas à Assembleia da República (art. 198º, nº 1, al. *a*)

CRP), ou havendo uma Lei de Autorização Legislativa, realizar o respetivo decreto-lei autorizado (al. *b*)), e ainda para "fazer decretos--leis de desenvolvimento dos princípios ou das bases gerais dos regimes jurídicos contidos em leis que a eles se circunscrevam" (al. *c*)); e os Governos Regionais (na matérias de interesse específico para a região, não reservadas à competência própria dos órgãos de soberania).

Revestem a forma de lei os atos enunciados no n.º 3 do artigo 166.º da CRP, ou seja, os atos previstos nas als. *b*) a *h*) do artigo 161.º.

"Sobre a determinação do que pode ser regulado pela forma de lei, a CRP determina que compete à Assembleia da República fazer leis sobre todas as matérias, salvo as por si reservadas ao Governo[2] (artigo 165.º)."

Impõe-se ainda que a lei seja emanada em observância dos trâmites processuais, o primeiro dos quais (e fazendo uma análise muito simplificada) será a apresentação de projetos ou propostas de lei à Assembleia por parte dos deputados, do Governo ou das Assembleias Regionais; a discussão e votação pela Assembleia, podendo ser apreciados por comissões especializadas, que quando aprovados assumem a designação de decretos da Assembleia; a promulgação pelo Presidente da República (caso não haja veto presidencial); a referenda pelo Primeiro-Ministro; e a publicação no diploma oficial.

A eficácia jurídica dos atos normativos decorre nos termos previstos na Lei n.º 74/98, de 11 de novembro (cuja última alteração decorreu da Lei n.º 43/2014, de 11 de julho), que regula a publicação, a identificação e o formulário dos diplomas. Na falta de fixação do dia de entrada em vigor, a vigência ocorre no 5.º dia após a publicação.

Por último, a lei deverá conter, como vimos, uma regra jurídica.

b) Sentido formal

Respeita apenas à forma, exprimindo uma das formas da função legislativa, mas cujo conteúdo não detém um norma jurídica (ex., lei de autorização legislativa).

---

[2] DAVID DUARTE e al., *Legística – Perspetivas sobre a conceção e redação de atos normativos*, Ministério da Justiça, Almedina, 2002, p. 291.

2.1. Função legislativa do Governo

O ato legislativo aprovado pelo Governo reveste a forma de Decreto-Lei. O Governo tem competência legislativa nas matérias que não são exclusivamente atribuídas à Assembleia da República.

"Nos termos da Constituição, compete ao Governo, em Conselho de Ministros, aprovar os decretos-leis (alínea *d*) do nº 1 do artigo 200º)."[3]

Após a receção do decreto do Governo, o Presidente da República pode:

- promulgá-lo como decreto-lei,
- exercer o direito de veto ou
- requerer a fiscalização preventiva da constitucionalidade junto do Tribunal Constitucional (artigos 136º e 278º da CRP).

No caso do exercício do direito de veto, o Presidente da República deve comunicar, ao Governo, por escrito, o sentido do veto, não sendo admitida a possibilidade de confirmação; note-se que a falta de promulgação pelo Presidente da República determina a inexistência jurídica do ato (art. 137º da CRP).

O ato presidencial de promulgação carece, posteriormente, de referenda ministerial (nº 1 do artigo 140º da CRP), e, naturalmente, de publicação em Diário da República.

Outro ato emanado do Governo é o Decreto-Regulamentar, este é uma "forma de regulamento governamental que se diferencia dos demais, essencialmente, pela sequência procedimental, pois carece de promulgação e referenda, bem como por ser a forma constitucionalmente imposta para exercício da competência regulamentar governamental que se materialize em regulamentação independente, ou seja, a que não se limita a complementar ou executar um determinado conjunto de normas constantes de ato legislativo (nº 7 do art. 112º da CRP)."[4]

As Resoluções provêm do Conselho de Ministros, e não carecem de promulgação pelo Presidente da República.

As Portarias são ordens do Governo, dadas por um ou mais ministros, e não carecem de promulgação pelo Presidente da República.

Os Despachos apenas têm como destinatários os funcionários do Ministério/ministros signatários.

---

[3] *Legística* ..., p. 336.
[4] *Op. cit.*, p. 351.

As Instruções são meros regulamentos internos, contendo ordens/diretivas dadas pelos ministros aos respetivos funcionários; se forem dirigidos a diversos serviços denominam-se circulares.

2.2. Tratados internacionais

Os Tratados internacionais são definidos como o acordo de vontades, reduzido a escrito, entre sujeitos de Direito Internacional Público, vinculando os Estados outorgantes e produzindo efeitos jurídicos no respetivo ordenamento.

Os Tratados aprovados pela Assembleia da República (art. 161º, al. *i*) CRP) ou pelo Governo (art. 197º, nº 1, al. *c*)), são publicados no Jornal Oficial e fazem automaticamente parte do Direito português (art. 8º, nº 2 CRP)[5].

2.2.1. Processo de conclusão dos Tratados

i) negociação – realizada pelos representantes dos Estados participantes, através da discussão das matérias até se atingir a concertação exposta no texto final,

ii) aprovação (pelo Governo ou Assembleia da República, dependendo do seu conteúdo),

iii) assinatura, para os acordos; ou ratificação, para os tratados, para, e só então, o Tratado vincular o Estado outorgante, sendo a ratificação caracterizada como um ato jurídico individual e solene pelo qual o órgão competente do Estado assume a vinculação às normas nele constantes.

2.3. O Direito Comunitário

Após a adesão de Portugal à Comunidade Europeia, "As disposições dos tratados que regem a União Europeia e as normas emanadas das suas instituições, no exercício das respetivas competências, são aplicáveis na ordem interna, nos termos definidos pelo Direito da União, com respeito pelos princípios fundamentais do Estado de Direito Democrático" (dispõe o art. 8º, nº 4, da CRP, na versão atribuída pela Lei Constitucional nº 1/2004, de 24.07.).

---

[5] O art. 8º, nº 1 da CRP, determina que as normas e os princípios de direito internacional geral ou comum fazem parte integrante do direito português.

2.3.1. As instituições da União Europeia

As esferas institucionais da União não se assemelham à clássica separação entre poderes, não se pode dizer que a cada órgão corresponda um determinado e único poder.

As instituições da União Europeia são constituídas pelo Parlamento Europeu, o Conselho Europeu, o Conselho, a Comissão Europeia (adiante designada «Comissão»), o Tribunal de Justiça da União Europeia, o Banco Central Europeu e o Tribunal de Contas (artigo 13º TUE).

Quanto ao poder legislativo

O Parlamento Europeu exerce, juntamente com o Conselho, a função legislativa (art. 14º, do TUE). Essa função é igualmente realizada pelo Conselho, juntamente com o Parlamento Europeu (art. 16º, do TUE).

O art. 288, nº 1, do TFUE, refere as instituições que adotam regulamentos, diretivas, decisões, recomendações e pareceres.

Os atos legislativos da União só podem ser adotados sob proposta da Comissão, salvo disposição em contrário dos Tratados (art. 289º, do TFUE).

Quanto ao poder executivo

Este poder cabe, em regra, à Comissão, que "promove o interesse geral da União e toma as iniciativas adequadas para esse efeito" A Comissão vela pela aplicação dos Tratados, bem como das medidas adotadas pelas instituições por força destes (art. 17º, nº 1, do TUE).

Quanto ao poder judicial

O poder judicial é exercido pelo Tribunal de Justiça da União Europeia, o qual integra o Tribunal Geral e os tribunais especializados. O Tribunal de Justiça da União Europeia garante o respeito do direito na interpretação e aplicação dos Tratados (art. 19º, nº 1, do TUE).

2.3.2. Os órgãos da Comunidade

Conselho

O Conselho exerce, juntamente com o Parlamento Europeu, a função legislativa e a função orçamental. O Conselho exerce funções de definição das políticas e de coordenação em conformidade com as condições estabelecidas nos Tratados (artigo 16º, nº 1, do TUE). O Conselho é composto por um representante de cada Estado-Membro ao nível ministerial, com poderes para vincular o Governo do respetivo Estado-Membro e exercer o direito de voto (nº 2) é, portanto, assumido como órgão comunitário, no entanto, é também um órgão inter-governamental.

O Conselho é designado como um órgão itinerante: "Os «representantes» dos Estados-membros não são permanentes: quando se discutem assuntos gerais, estão normalmente presentes os Ministros dos Negócios Estrangeiros dos Estados-membros (*Conselho para Assuntos Gerais*); em discussões mais específicas estarão presentes os Ministros nacionais das respetivas pastas.

O Comité dos Representantes Permanentes (COREPER) assegura a continuidade dos trabalhos, promovendo, no seu seio, o diálogo entre os vários representantes dos Governos, controlando os grupos de trabalho que funcionam junto do Conselho e – tarefa essencial – preparando os trabalhos do Conselho"[6].

Comissão

A Comissão promove o interesse geral da União e toma as iniciativas adequadas para esse efeito. A Comissão vela pela aplicação dos Tratados, bem como das medidas adotadas pelas instituições por força destes. Controla a aplicação do direito da União, sob a fiscalização do Tribunal de Justiça da União Europeia. A Comissão executa o orçamento e gere os programas. Exerce funções de coordenação, de execução e de gestão em conformidade com as condições estabelecidas nos Tratados. Com exceção da política externa e de segurança comum e dos restantes casos previstos nos Tratados, a Comissão assegura a representação externa da União. Toma a iniciativa da programação anual e plurianual da União com vista à obtenção de acordos interinstitucionais (art. 17º, nº 1, do TUE).

A partir de 1 de novembro de 2014, a Comissão é composta por um número de membros, incluindo o seu Presidente e o Alto Representante da União para os Negócios Estrangeiros e a Política de Segurança, correspondente a dois terços do número dos Estados-Membros, a menos que o Conselho Europeu, deliberando por unanimidade, decida alterar esse número. Os membros da Comissão são escolhidos de entre os nacionais dos Estados-Membros, com base num sistema de rotação rigorosamente igualitária entre os Estados-Membros que permita refletir a posição demográfica

---

[6] MARIA JOÃO PALMA e LUÍS DUARTE D'ALMEIDA, *op. cit.*, p. 75.

e geográfica relativa dos Estados-Membros no seu conjunto. Este sistema é estabelecido por unanimidade, pelo Conselho Europeu (art. 17º, nº 5, TUE), nos termos do artigo 244º do TFUE (nº 5).

Desde o Tratado de Nice, que a Comissão tem um presidente. Tendo em conta as eleições para o Parlamento Europeu e depois de proceder às consultas adequadas, o Conselho Europeu, deliberando por maioria qualificada, propõe ao Parlamento Europeu um candidato ao cargo de Presidente da Comissão. O candidato é eleito pelo Parlamento Europeu por maioria dos membros que o compõem. Caso o candidato não obtenha a maioria dos votos, o Conselho Europeu, deliberando por maioria qualificada, proporá no prazo de um mês um novo candidato, que é eleito pelo Parlamento Europeu de acordo com o mesmo processo (art. 17º, nº 7, do TUE).

Parlamento Europeu

O Parlamento Europeu é composto por representantes dos cidadãos da União. O seu número não pode ser superior a setecentos e cinquenta, mais o Presidente. A representação dos cidadãos é degressivamente proporcional, com um limiar mínimo de seis membros por Estado-Membro. A nenhum Estado-Membro podem ser atribuídos mais do que noventa e seis lugares (art. 14º, nº 2, TUE). Os membros do Parlamento Europeu são eleitos, por sufrágio universal direto, livre e secreto, por um mandato de cinco anos (nº 3).

Este órgão que não se pode equiparar a um parlamento nacional, possui, entre outras, as seguintes funções:

i) competência legislativa (art. 14, nº 1, do TUE);

ii) poder decisório em matéria orçamental (art. 14º, nº 1, do TUE);

iii) poderes de controlo político, interpelando as instituições (art. 14º, nº 1, do TUE); apreciando as moções de censura dirigidas à Comissão (art. 17º, nº 8, do TUE); e elegendo o candidato a Presidente da Comissão, proposto pelo Conselho Europeu (art. 17º, nº 7, do TUE).

iii) De assinalar a possibilidade de exercício do direito de petição ao Parlamento Europeu, por qualquer cidadão da União ou qualquer outra pessoa singular ou coletiva com residência ou sede estatutária num Estado membro (art. 20º, nº 2, al. *d*), do TFUE), sobre qualquer questão que se integre nos domínios dos assuntos comunitários.

Ainda, o direito de recurso, por parte de qualquer cidadão comunitário ou qualquer pessoa singular ou coletiva com residência ou sede estatutária num Estado Membro, ao Provedor de Justiça Europeu, nomeado pelo Parlamento Europeu, sobre aspetos de má administração na atuação das instituições, orgãos ou organismos da União, com exceção do Tribunal de Justiça da União Europeia no exercício das respetivas funções jurisdicionais (art. 228º, nº 1, TFUE).

Tribunal de Justiça

O Tribunal de Justiça da União Europeia inclui o Tribunal de Justiça, o Tribunal Geral e tribunais especializados. O Tribunal de Justiça da União Europeia garante o respeito do direito na interpretação e aplicação dos Tratados (art. 19º, nº 1, TUE). O Tribunal de Justiça é composto de, pelo menos, um juiz por cada Estado-Membro e é assistido por advogados-gerais (nº 2).

O Tribunal de Justiça da União Europeia decide, conforme dispõe o nº 3, nos termos do disposto nos Tratados:

a) Sobre os recursos interpostos por um Estado-Membro, por uma instituição ou por pessoas singulares ou coletivas;

b) A título prejudicial, a pedido dos órgãos jurisdicionais nacionais, sobre a interpretação do direito da União ou sobre a validade dos atos adotados pelas instituições;

c) Nos demais casos previstos pelos Tratados.

Conselho Europeu

O Conselho Europeu identifica os interesses estratégicos da União, estabelece os objetivos e define as orientações gerais da política externa e de segurança comum, incluindo em matérias com implicações no domínio da defesa (art. 26º, nº 1, TUE).

O Conselho elabora a política externa e de segurança comum e adota as decisões necessárias à definição e execução dessa política, com base nas orientações gerais e linhas estratégicas definidas pelo Conselho Europeu.

O Conselho e o Alto Representante da União para os Negócios Estrangeiros e a Política de Segurança asseguram a unidade, coerência e eficácia da ação da União (nº 2).

A política externa e de segurança comum é executada pelo Alto Representante e pelos Estados-Membros, utilizando os meios nacionais e os da União (nº 3).

3. Fontes de Direito do Trabalho

3.1. Lei constitucional

Denominam-se Leis constitucionais as leis contidas na Constituição na República Portuguesa (Lei Fundamental do Estado), que fixam os grandes princípios fundamentais da organização política e da ordem jurídica da vida em comunidade.

Dispõe o artigo 59º, nº 1, da Constituição da República Portuguesa que:

"Todos os trabalhadores, sem distinção de idade, sexo, raça, cidadania, território de origem, religião, convicções políticas ou ideológicas, têm direito:

– A organização do trabalho em condições socialmente dignificantes, de forma a facultar a realização pessoal e a permitir a conciliação da atividade profissional com a vida familiar (nº 2, al. *b*));

– A prestação do trabalho em condições de *higiene*, segurança e saúde (al. *c*));

– A assistência e justa reparação, quando vítimas de acidente de trabalho ou de doença profissional (al. *f*)).

O artigo 64º, nº 1, da CRP preceitua ainda que:

"Todos têm direito à proteção da saúde e o dever de a defender e promover.

O direito à proteção da saúde é realizado (...), designadamente pela "melhoria sistemática as condições de vida e de trabalho" (nº 2, al. *b*)).

Para tal, incumbe prioritariamente ao Estado disciplinar e fiscalizar as formas empresariais e privadas da medicina, articulando-as com o serviço nacional de saúde, por forma a assegurar, nas instituições de saúde públicas e privadas, adequados padrões de eficiência e de qualidade" (nº 3, al. *d*)).

A prestação do trabalho em condições de segurança e saúde é, simultaneamente, um direito dos trabalhadores e uma imposição constitucional dirigida aos poderes públicos, no sentido de estes fixarem os pressupostos e assegurarem o controlo das condições de segurança e saúde. Neste sentido, compete ao Estado editar regulamentos de segurança e saúde e tornar efetivas medidas de controlo da aplicação destes regulamentos[7].

---

[7] GOMES CANOTILHO e VITAL MOREIRA, *Constituição da República Portuguesa Anotada – arts. 1º a 107º*, Coimbra Editora, 4ª ed., revista, 2006, p. 773.

A consagração constitucional do direito a prestação do trabalho em condições de higiene, segurança e saúde (sem distinção de idade, sexo, raça, cidadania, território de origem, religião, convicções políticas ou ideológicas) é acolhido no art. 59º, nº 1, al. *c*), da CRP.

As condições de trabalho adequadas como incumbência do Estado, encontram-se previstas no nº 2, nomeadamente, a especial proteção do trabalho das mulheres durante a gravidez e após o parto, bem como do trabalho dos menores, dos diminuídos e dos que desempenham atividades particularmente violentas ou em condições insalubres, tóxicas ou perigosas (al. *c*)), a proteção das condições de trabalho (al. *e*)) e a proteção das condições de trabalho dos trabalhadores estudantes (al. *f*)).

Os direitos reconhecidos no nº 1 são direitos imediatamente aplicáveis que devem ser acatados pelo empregador privado ou público.

Os direitos elencados no nº 2, são considerados como direitos positivos dos trabalhadores, que o legislador deve concretizar, sob pena de omissão legislativa.

Assim, estes direitos escapam à possibilidade de contratualização, nomeadamente, por substituição de direitos menos favoráveis ao trabalhador, pois fazem parte da chamada *Constituição Laboral*[8].

3.2. Código do Trabalho

Além do dever principal, traduzido no cumprimento salarial, cabe ao empregador acatar um conjunto de deveres acessórios, por forma a assegurar a adequada prestação laboral, de molde a afastar ou minorar as doenças do trabalhador e os acidentes de trabalho.

As normas respeitantes aos deveres do empregador receberam no CT/2009 [no seguimento do CT/2003] expressão no corpo do artigo que impõe deveres gerais ao empregador. Assim, o art. 127º, nº 1, indica que o empregador deve *"Proporcionar boas condições de trabalho, do ponto de vista físico e moral"* (al. *c*)), *"Prevenir riscos e doenças profissionais, tendo em conta a proteção da segurança e saúde do trabalhador, devendo indemnizá-lo dos prejuízos resultantes de acidentes de trabalho"* (al. *g*)) e *"Adotar, no que se refere a segurança e saúde no trabalho, as medidas que decorram de lei ou instrumento de regulamentação coletiva de trabalho"* (al. *h*)).

---

[8] Assim o entendem GOMES CANOTILHO e VITAL MOREIRA, *op. cit.*, p. 775.

No que concerne às garantias do trabalhador, o art. 129º, nº 1, do CT, estabelece que é proibido ao empregador *"Opor-se, por qualquer forma, a que o trabalhador exerça os seus direitos, bem como despedi-lo, aplicar-lhe outra sanção, ou tratá-lo desfavoravelmente por causa desse exercício"* (al. *a*)), bem como *"Exercer pressão sobre o trabalhador para que atue no sentido de influir desfavoravelmente nas condições de trabalho dele ou dos companheiros"* (al. *c*)).

Ainda, o art. 5º, nº 1, do RJSST, dispõe: "O trabalhador tem direito à prestação de trabalho em condições que respeitem a sua segurança e a sua saúde, asseguradas pelo empregador ou, nas situações identificadas na lei, pela pessoa, individual ou coletiva, que detenha a gestão das instalações em que a atividade é desenvolvida".

O Código do Trabalho, indica no art. 281º, os princípios conformadores da prestação laboral, em termos de segurança e saúde no trabalho.

Nesta matéria, o empregador deve consultar, informar e formar os trabalhadores, nos termos do art. 282º, nºs 1, 2 e 3.

Estabelece-se a intervenção dos representantes eleitos pelos trabalhadores ou, na sua falta, pela comissão de trabalhadores (nº 4).

De relevar, que o art. 404º, al. *c*), do CT, refere que os representantes dos trabalhadores para a segurança e saúde no trabalho pertencem às estruturas de representação coletiva dos trabalhadores.

A regulação dos acidentes encontra-se estabelecida no art. 281º, do CT, o qual será completado com a Lei nº 98/2009, de 4 de setembro, que aprovou o regime jurídico de reparação de acidentes de trabalho e de doenças profissionais.

3.3. Os instrumentos de regulamentação coletiva

O Código do Trabalho distingue entre os instrumentos de regulamentação coletiva negociais e não negociais (art. 2º, nº 1).

Os instrumentos de regulamentação coletiva *negociais* contemplam a convenção coletiva, o acordo de adesão e a decisão arbitral em processo de arbitragem voluntária (nº 2).

As convenções coletivas podem constituir o contrato coletivo, o acordo coletivo e o acordo de empresa (nº 3).

Distinguindo-se da seguinte forma:

- o contrato coletivo consiste na convenção celebrada entre associação sindical e associação de empregadores (nº 3, al. *a*));

- o acordo coletivo consiste na convenção celebrada entre associação sindical e uma pluralidade de empregadores para diferentes empresas (n.º 3, al. *b*));
- o acordo de empresa consiste na convenção celebrada entre uma associação sindical e um empregador para uma empresa ou estabelecimento (n.º 3, al. *c*)).

Os instrumentos de regulamentação *coletiva não negociais* contemplam a portaria de extensão, a portaria de condições de trabalho e a decisão arbitral em processo de arbitragem obrigatória ou necessária (art. 2.º, n.º 4).

A portaria de extensão visa estender o âmbito de aplicação de uma convenção coletiva ou decisão arbitral (art. 514.º).

A portaria de condições de trabalho, a qual possui caráter subsidiário, é emanada do ministério responsável pela área laboral e o ministro responsável pelo setor de atividade (art. 518.º, n.º 1), nos casos em que não seja possível o recurso aos instrumentos de regulamentação coletiva de trabalho negocial (art. 517.º, n.º 2).

3.4. O princípio do tratamento mais favorável

Para o Tribunal Constitucional[9], há que distinguir entre:

- "– normas absolutamente imperativas, que não consentem qualquer derrogação, seja *in melius,* seja *in pejus*
- normas parcialmente imperativas, que consentem derrogação apenas num desses sentidos
- normas «dispositivas», que consentem derrogações em ambos os sentidos
- normas supletivas, em que a norma do Código só atua se não houver regulamentação por instrumento de regulamentação coletiva de trabalho ou pelo contrato individual de trabalho.

---

[9] Acordão n.º 306/2003, de 18.07, DR, I-A, de 18.07.2003, proferido na sequência do pedido de apreciação da constitucionalidade da norma.

O princípio do tratamento mais favorável, previsto no art. 3º, nº 3, do CT, deixou de ser, ao contrário de preceito equivalente no regime anterior[10], elemento essencial de determinação da prevalência das fontes de direito laboral.

No que concerne aos instrumento de regulamentação coletiva de trabalho, estes podem afastar as normas do Código do Trabalho, salvo quando delas resultar o contrário (nº 1).

O nº 3, recupera o *princípio do tratamento mais favorável,* permitindo o afastamento das disposições do CT, por instrumento de regulamentação coletiva de trabalho, sem oposição destas, se delas resultarem condições mais favoráveis para o trabalhador, nas matérias aí elencadas.

Por sua vez, o nº 2 do mesmo preceito, proíbe o afastamento das disposições do Código do Trabalho por portaria de condições de trabalho (norma absolutamente imperativa).

Igualmente, o contrato individual de trabalho só pode afastar as normas legais (desde que destas não resulte o contrário), contanto que preveja condições mais favoráveis para o trabalhador (nº 4).

O nº 5, apresenta uma cláusula de salvaguarda para a contratação individual, entendendo que sempre que uma norma legal reguladora de contrato de trabalho determine que pode ser afastada por instrumento de regulamentação coletiva, esse afastamento não se aplica ao contrato de trabalho.

Relativamente à problemática do "salvo resultar o contrário", preliminarmente cumpre aferir da natureza da norma a afastar. Essa derrogação tanto pode ser em prejuízo do trabalhador (derrogação *in pejus*) como em benefício (derrogação *in melius*).

Parte-se do pressuposto de que os trabalhadores, no âmbito da contratação coletiva, estando representados pelos sindicatos, "se encontram em situação de igualdade (formal ou material) com os empregadores."

---

[10] Na lei anterior, era o art. 13º, da LCT, que cuidava da prevalência na aplicação das normas.

Acerca da ironia contida na epígrafe do artigo, *v.* JORGE LEITE, *Código do Trabalho – Algumas questões de inconstitucionalidade,* QL, nº 22, p. 270.

3.5. O Regime Jurídico de Segurança e Saúde no Trabalho

O regime jurídico de promoção da segurança e saúde no trabalho (adiante designado por RJSST) foi aprovado, por sua vez, pela Lei nº 102/2009, de 10 de setembro (cuja quinta alteração foi realizada pela Lei nº 146/2015, de 09/09).

Nos termos do art. 15º, do RJSST, o empregador deve assegurar ao trabalhador condições de segurança e de saúde em todos os aspetos do seu trabalho (nº 1), devendo ter em conta, na organização dos meios de prevenção, não só o trabalhador como também terceiros suscetíveis de serem abrangidos pelos riscos da realização dos trabalhos, quer nas instalações quer no exterior (nº 7).

Refere MANUEL ROXO[11], que a obrigação de prevenção seria uma *obrigação de meios*, se a mesma se entendesse cumprida pela evidência de que as medidas de prevenção foram tomadas. Ou seria uma *obrigação de resultado* se entendida como concretizando as medidas de prevenção.

As definições legais apontam para esta última, segundo o art. 281º, nº 2, do CT.

Os princípios gerais de prevenção encontram-se previstos no art. 15º, nº 2, do RJSST.

Na aplicação das medidas de prevenção, o empregador deve organizar os serviços adequados, internos ou externos à empresa, estabelecimento ou serviço, mobilizando os meios necessários, nomeadamente nos domínios das atividades técnicas de prevenção, da formação e da informação, bem como o equipamento de proteção que se torne necessário utilizar (art. 15º, nº 10, RJSST).

Os serviços organizados em qualquer das modalidades (interno, comum ou externo) devem ter os meios suficientes que lhes permitam exercer as atividades principais de segurança e de saúde no trabalho (art. 74º, nº 5, RJSST).

3.6. Fontes internacionais

3.6.1. Convenções internacionais gerais

a) Declaração Universal dos Direitos do Homem

A Organização das Nações Unidas adotou em 10 de dezembro de 1948 a Declaração Universal dos Direitos do Homem.

---

[11] *Op. cit.*, p. 107.

Inspirada pela Declaração dos Direitos do Homem e do Cidadão da Revolução Francesa em 1789, enuncia os direitos fundamentais de todos os indivíduos, principalmente, o *princípio da igualdade*. Indica, ainda, a liberdade de escolha de trabalho, a igualdade de tratamento, a proteção no desemprego, o salário equitativo e suficiente e a liberdade sindical (arts. 23º e 24º).

Portugal publicou-a, por Aviso de 9 de março de 1978, DR, I Série, nº 57.

b) Convenção Europeia dos Direitos do Homem

A Convenção Europeia dos Direitos do Homem (também designada Convenção para a Proteção dos Direitos do Homem e das Liberdades Fundamentais), foi concluída em 4 de novembro de 1950 e entrou em vigor na na ordem internacional em 3 de setembro de 1953.

Portugal ratificou-a pela Lei nº 65/78, de 13 de outubro, publicada no Diário da República, I Série, nº 236/78.

c) Pacto Internacional sobre os Direitos Civis e Políticos

O Pacto é adotado e aberto à assinatura, ratificação e adesão pela resolução 2200A (XXI) da Assembleia Geral das Nações Unidas, de 16 de dezembro de 1966.

Em Portugal, é aprovado, para ratificação, pela Lei nº 29/78, de 12 de junho, publicada no Diário da República, I Série A, nº 133/78.

d) Pacto Internacional sobre os Direitos Económicos, Sociais e Culturais

O Pacto é adotado e aberto à assinatura, ratificação e adesão pela resolução 2200A (XXI) da Assembleia Geral das Nações Unidas, de 16 de dezembro de 1966.

Em Portugal, é aprovado, para ratificação, pela Lei nº 45/78, de 11 de julho, publicada no Diário da República, I Série A, nº 157/78.

e) Carta Social do Conselho da Europa

A Carta Social do Conselho da Europa, foi assinada em 18 de outubro de 1961, em Turim.

A Resolução da Assembleia da República nº 21/91, aprova, para ratificação, a Carta Social do Conselho da Europa, também chamada Carta Social Europeia.

Portugal ratificou a Carta Social do Conselho da Europa em 30 de setembro de 1991 aceitando a totalidade das suas disposições. Em 1996, foi adotada a Carta Social Europeia Revista, que adapta o conteúdo da Carta às mudanças sociais fundamentais ocorridas desde a sua adoção, entrando em vigor em 1999.

A entrada em vigor da Carta Social Europeia Revista produziu como efeito a cessação de aplicação das disposições da Carta Social Europeia de 1961.

Entre nós foi aprovada, para ratificação, pela Resolução da Assembleia da República nº 64-A/2001 e ratificada pelo Decreto do Presidente da República nº 54-A/2001.

O Tratado sobre o Funcionamento da União Europeia reconhece a Carta Social Europeia (art. 151º).

f) Carta Comunitária dos Direitos Sociais Fundamentais dos Trabalhadores

A Carta Comunitária dos Direitos Sociais Fundamentais dos Trabalhadores, foi adotada em 1989 por todos os Estados-Membros, à exceção do Reino Unido. Os objetivos da Carta foram retomados no Tratado de Amesterdão aquando da integração neste último das disposições do protocolo social de *Maastricht*. O TFUE acolhe-os no art. 151º, apresentando como objetivos *"a promoção do emprego, a melhoria das condições de vida e de trabalho, de modo a permitir a sua harmonização, assegurando simultaneamente essa melhoria, uma proteção social adequada, o diálogo entre parceiros sociais, o desenvolvimento dos recursos humanos, tendo em vista um nível de emprego elevado e duradouro, e a luta contra as exclusões".*

g) A Convenção da OIT nº 155

A Organização Internacional do Trabalho (OIT) foi fundada em 1919, no seguimento da chamada paz de Versalhes, negociada pela Sociedade das Nações (SDN).

Após a Segunda Guerra, tornou-se uma agência especializada da ONU, com uma organização tripartida: Estados-Membros/empregadores/trabalhadores, visando influenciar a legislação interna desses Estados. Emite convenções (vinculativas) e recomendações (não vinculativas).

As Convenções da OIT abordam várias temáticas, tornando impossível o trabalho de codificação. Apesar de tal, a OIT através do seu *Bureau Inter-*

national du Travail (BIT) publicou o Código Internacional de Trabalho, que agrupa as várias Convenções.

As Convenções nºs 29 e 105, são dedicadas ao trabalho forçado.

As Convenções nºs 19, 100 e 111, visam a não-discriminação.

As Convenções nºs 87, 98, 135, 151 e 154, versam a liberdade sindical.

As Convenções nºs 122 e 168, debruçam-se sobre a política de emprego.

A Convenção nº 11, foi adotada pela Conferência Geral da Organização Internacional do Trabalho na sua 67ª sessão, em Genebra, a 22 de junho de 1981. Em Portugal, foi aprovada, para ratificação, pelo Decreto do Governo nº 1/85, de 16 de janeiro, publicado no Diário da República, I Série, nº 13/85.

A Convenção nº 155 regula a segurança e a saúde dos trabalhadores e o ambiente de trabalho e é vista como uma Convenção-Quadro. Nesta Convenção-Quadro pretende-se abranger todo o tipo de trabalho prestado, incluindo a Administração Pública, indiferentemente do tipo de prestação, e dos ramos de atividade económica abrangidos (arts. 2º e 3º).

Nos termos do art. 8º, nº 2, da CRP, as "normas constantes de convenções internacionais regularmente ratificadas ou aprovadas vigoram na ordem interna após a sua publicação oficial e enquanto vincularem internacionalmente o Estado Português". Acolhendo-se desta forma o sistema de receção automática das normas internacionais na ordem interna, ou seja, estas não carecem de transposição para a lei nacional.

O Decreto-Lei nº 441/91, de 14.11 (que aprovou o enquadramento nacional da segurança e saúde do trabalho) visava dar cumprimento à Convenção nº 155, bem como à Diretiva nº 89/391/CEE, relativa à aplicação de medidas destinadas a promover a melhoria da segurança e da saúde dos trabalhadores no trabalho.

A Lei nº 102/2009, de 10 de setembro, a qual aprovou o regime jurídico da promoção da segurança e saúde no trabalho, revogou o Decreto-Lei nº 441/91, de 14.11 e o Decreto-Lei nº 26/94, de 01.02 (art. 120º, nº 1, al. *a*) e al. *b*)). Também transpõe a Diretiva nº 89/391/CEE, de 12 de junho, com as alterações constantes do Regulamento nº 1882/2003, de 29 de setembro e da Diretiva nº 2007/30/CE, do 20 de junho (art. 2º, nº 1), e das Regulamentações nº 1882/2002, de 29.09 e nº 1137/2008, de 22.10., além das diretivas especiais constantes do nº 2.

3.6.2. A Diretiva-Quadro do Conselho nº 89/391/CEE, de 12 de junho de 1989, relativa à aplicação de medidas destinadas a promover a melhoria da segurança e da saúde dos trabalhadores no trabalho

Introdução

O art. 153º, nº 1 do TFUE vem, a título subsidiário, promover a ação da União Europeia, no que concerne à melhoria do ambiente e das condições de trabalho.

Para tal efeito, concede-se ao Conselho e ao Parlamento Europeu, a faculdade de adotar diretivas (art. 153º, nº 2, TFUE), sendo a Diretiva nº 89/391/CEE, de 12 de junho de 1989, a que reveste maior interesse, atendendo ao seu caráter de Diretiva-Quadro, que originou depois, naturalmente, diversas Diretivas específicas para as áreas a exigir maior tutela. Em 2004, a Comissão Europeia publicou uma Comunicação (COM [2004] 62) sobre a aplicação prática das disposições das Diretivas 89/391/CEE (diretiva-quadro), 89/654/CEE (locais de trabalho), 89/655/CEE (equipamentos de trabalho), 89/656/CEE (equipamentos de proteção individual), 90/269/CEE (movimentação manual de cargas) e 90/270/CEE (equipamentos dotados de visor).

A Diretiva 89/391/CEE tem por objeto a "execução de medidas destinadas a promover o melhoramento da segurança e da saúde dos trabalhadores no trabalho" (art. 1º, nº 1).

Para esse efeito, a Diretiva inclui princípios gerais relativos à prevenção dos riscos profissionais e à proteção da segurança e da saúde, à eliminação dos fatores de risco e de acidente, à informação, à consulta, à participação, de acordo com as legislações e/ou práticas nacionais, à formação dos trabalhadores e seus representantes, assim como linhas gerais para a aplicação dos referidos princípios (nº 2).

Nos termos do art. 2º, nº 1, da Diretiva, o respetivo âmbito material de aplicação abrange "todos os setores de atividade, privados ou públicos (atividades industriais, agrícolas, comerciais, administrativas, de serviços, educativas, culturais, de ocupação de tempos livres ...)". O nº 2 permite uma derrogação da respetiva aplicação, relativamente a certas atividades específicas da função pública, nomeadamente das forças armadas ou da polícia, ou a outras atividades específicas dos serviços de proteção civil.

Para a Diretiva trabalhador é "qualquer pessoa ao serviço de uma entidade patronal e bem assim, os estagiários e os aprendizes, com exceção dos empregados domésticos" (art. 3º, al. *a*)).

Por sua vez, entidade patronal é "qualquer pessoa singular ou coletiva que seja titular da relação de trabalho com o trabalhador e responsável pela empresa e/ou pelo estabelecimento" (art. 3º, al. *b*)).

O ênfase desta Diretiva foi dado no conceito prevenção, definido como o *"conjunto das disposições ou medidas tomadas ou previstas em todas as fases de atividade da empresa, tendo em vista evitar ou diminuir os riscos profissionais"* (art. 3º, al. *d*)).

DIAS COIMBRA[12] precisa o alcance das obrigações gerais do empregador: o art. 5º da Diretiva, "estabelece, no seu nº 1, que a «entidade patronal é obrigada a assegurar a segurança e a saúde dos trabalhadores em todos os aspetos relacionados com o trabalho». O art. 6º traça as obrigações gerais da entidade patronal. O nº 2 refere diversas medidas, que o empregador adotará (nos termos do nº 1), conforme a sua necessidade, atendendo à alteração das circunstâncias. O legislador comunitário equaciona os princípios da necessidade (*"Erfordlichkeit"*) e da aptidão (*"Geeignetheit"*) das medidas de proteção da vida e saúde do trabalhador, à luz de perspetiva dinâmica."

Para FERNANDO CABRAL e MANUEL ROXO[13] o "quadro preexistente à (presente) Diretiva era caracterizado por um conjunto de regras de conformidade técnica dos locais e equipamentos de trabalho quanto a determinados riscos específicos, daí resultando uma abordagem preventiva de natureza corretiva. Aquela Diretiva veio introduzir uma nova ótica, configurando numa obrigação de resultado, que consiste na responsabilidade transferível de o empregador assegurar a segurança e a saúde dos trabalhadores em todos os aspetos relacionados com o trabalho (*vd*. Artigo 5º da Diretiva)."

Se o empregador recorrer a entidades (pessoas ou serviços) exteriores à empresa e/ou ao estabelecimento, isso não o isenta da sua responsabilidade neste domínio (nº 2).

Trata-se portanto, para o empregador, de uma *obrigação de resultado*, atendendo, em especial, ao desempenho de mero perigo (e não necessariamente de dano) que da atividade económica pode resultar.

O poder conformador desse resultado por parte do empregador é ainda vinculado aos parâmetros impostos pela lei, que lhe concede algum poder discricionário na respetiva concretização prática.

---

[12] *O princípio da menor perigosidade, na Diretiva 89/391/CEE, sobre segurança e saúde no trabalho*, QL, nº 19, p. 7.
[13] *Op. cit.*, p. 81.

AS FONTES DE DIREITO

Por oposição à responsabilidade reativa (que responde ao dano causado) pretende-se, neste contexto jurídico, promover a *responsabilidade antecipativa*, apelando a uma maior responsabilidade por parte do empregador na prevenção (art. 7º), informação (art. 10º) e formação dos trabalhadores (art. 12º)[14] e na promoção de melhores condições de trabalho, na aceção mais abrangente do termo, segundo o art. 6º, nº 1.

Para tal, o nº 2, do mesmo preceito, indica as medidas a tomar por parte do empregador (sempre assumindo o princípio da menor perigosidade do desempenho, na impossibilidade de se estabelecer a *perigosidade zero*). Ainda, o nº 3, obriga o empregador a, atenta a natureza das atividades da empresa e/ou do estabelecimento, avaliar os inerentes riscos para a segurança e saúde dos trabalhadores, inclusivamente na escolha dos equipamentos de trabalho e das substâncias ou preparados químicos e na conceção dos locais de trabalho (al. *a*)).

Ainda, incumbe ao empregador designar um ou mais trabalhadores para se ocuparem das atividades de proteção e de prevenção dos riscos profissionais na empresa e/ou no estabelecimento (art. 7º, nº 1).[15]

O Decreto-Lei nº 441/91, de 14.11, já havia transposto a referida diretiva, tendo sido revogado expressamente pelo art. 120º, nº 1, al. *a*)), da Lei nº 102/2009, de 10 de setembro, que aprovou Regime Jurídico da Promoção da Segurança e Saúde no Trabalho (RJSST), que agora a acolhe, novamente.

Assim, também o âmbito de aplicação do RJSST, possui natureza horizontal, incidindo sobre todos os ramos de atividade, nos setores privado ou

---

[14] A ação formativa incide sobre todos os trabalhadores em geral, tendo em conta "o posto de trabalho e o exercício de atividades de risco elevado" (art. 20º, nº 1, do RJSST). *V.* ainda, o art. 24º, do RJSST..

[15] O Acordão do Tribunal de Justiça de 15 de novembro de 2001 (Proc. nº C-49/00) condenou a República Italiana por transposição incompleta da Diretiva 89/391, de 12.06., com os seguintes fundamentos:

"– ao não ter previsto que a entidade patronal deve avaliar todos os riscos para a saúde e segurança existentes no local de trabalho;

– ao ter permitido à entidade patronal decidir se deve ou não recorrer a serviços externos de proteção e de prevenção quando as capacidades internas sejam insuficientes, e

– ao não ter definido as capacidades e aptidões que devem possuir os responsáveis pelas atividades de proteção e de prevenção dos riscos profissionais para a saúde e segurança dos trabalhadores, a República Italiana não cumpriu as obrigações que lhe incumbem por força dos artigos 6º, nº 3, alínea a), e 7º, nºs 3, 5 e 8, da Diretiva 89/391, de 12.06.1989, relativa à aplicação de medidas destinadas a promover a melhoria da segurança e da saúde dos trabalhadores no trabalho," in europa.eu.int/eur-lex.

cooperativo e social (art. 3º, nº 1, al. *a*)); abrangendo o trabalhador por conta de outrem e respetivo empregador, incluindo as pessoas coletivas de direito privado sem fins lucrativos (al. *b*)).

Nos casos de explorações agrícolas familiares, da atividade desenvolvida por artesãos em instalações próprias ou do exercício da atividade da pesca em que o armador não explore mais do que duas embarcações com comprimento inferior a 15 m, aplica-se o regime estabelecido para o trabalhador independente (art. 3º, nº 2, RJSST).

Relativamente ao serviço doméstico, e às situações em que ocorra prestação de trabalho por uma pessoa ou outra, sem subordinação jurídica, quando o prestador de trabalho deva considerara-se na dependência económica do beneficiário da atividade, os princípios aí contidos são também aplicáveis (nº 3).

O conceito de trabalhador vertido legalmente assume alcance amplo, contemplado o conceito de trabalhador, como pessoa singular que, mediante retribuição, se obriga a prestar serviço a um empregador (subscrevendo parcialmente o art. 11º, do CT), como ainda, o tirocinante, o estagiário, o aprendiz e os que estejam na dependência económica do empregador em razão dos meios de trabalho e do resultado da sua atividade, embora não titulares de uma relação jurídica de emprego (art. 4º, al. *a*), RJSST).

Quanto ao trabalhador independente é considerado como a pessoa singular que exerce uma atividade por conta própria (art. 4º, al. *b*), RJSST).

Relativamente à Lei Geral do Trabalho em Funções Públicas, aprovada pela Lei nº 35/2014, de 20 de junho (com a quarta revisão efetuada pela Lei nº 84/2015, de 07/08), remete para o Código do Trabalho a matéria referente à promoção da segurança e saúde no trabalho, incluindo a prevenção (art. 4º, nº 1, al. *i*), da citada Lei).

4. As fontes comunitárias

O art. 151º, nº 1, do TFUE[16], dispõe que:

A União e os Estados-Membros, tendo presentes os direitos sociais fundamentais, tal como os enunciam a Carta Social Europeia, assinada em Turim, em 18 de outubro de 1961 e a Carta Comunitária dos Direitos Sociais Fundamentais dos Trabalhadores, de 1989, terão por objetivos a promoção

---

[16] Publicado no Jornal Oficial nº C 115 de 09/05/2008 p. 0001-0388. Disponível em http://europa.eu/pol/pdf/qc3209190ptc_002.pdf

Sobre a mutação de tratados desde o Tratado de Roma, *v.* Céline Rosa Pimpão, *A tutela do trabalhador em matéria de segurança (higiene) e saúde no trabalho*, Dissertação de Mestrado, Coimbra Editora, 2011, p. 47, nota 51.

do emprego, a *melhoria das condições de vida e de trabalho*, de modo a permitir a sua harmonização, assegurando simultaneamente essa melhoria, uma proteção social adequada, o diálogo entre parceiros sociais, o desenvolvimento dos recursos humanos, tendo em vista um nível de emprego elevado e duradouro, e a luta contra as exclusões.

E, em complemento, dispõe o art. 153º, nº 1, TFUE, que para efeito de melhoria, principalmente, do ambiente de trabalho, a fim de proteger a saúde e a segurança dos trabalhadores (al. *a*)); e de condições de trabalho (al. *b*)), a União apoiará e completará a ação dos Estados-Membros em tais domínios, com o contributo do Parlamento Europeu e do Conselho.

1. A fim de realizar os objetivos enunciados no artigo 151º, a União apoiará e completará a ação dos Estados-Membros nos seguintes domínios:

a) Melhoria, principalmente, do ambiente de trabalho, a fim de proteger a saúde e a segurança dos trabalhadores;

b) Condições de trabalho;

2. Para o efeito, o Parlamento Europeu e o Conselho podem, nos termos do nº 2:

a) Tomar medidas destinadas a fomentar a cooperação entre os Estados-Membros, através de iniciativas que tenham por objetivo melhorar os conhecimentos, desenvolver o intercâmbio de informações e de boas práticas, promover abordagens inovadoras e avaliar a experiência adquirida, com exclusão de qualquer harmonização das disposições legislativas e regulamentares dos Estados-Membros;

b) Adotar, nos domínios referidos nas alíneas *a*) a *i*) do nº 1, por meio de diretivas, prescrições mínimas progressivamente aplicáveis, tendo em conta as condições e as regulamentações técnicas existentes em cada um dos Estados-Membros. Essas diretivas devem evitar impor disciplinas administrativas, financeiras e jurídicas contrárias à criação e ao desenvolvimento de pequenas e médias empresas.

O Parlamento Europeu e o Conselho através do chamado processo de co-decisão, previsto no art. 294º, TFUE, irão tornar a diretiva um instrumento privilegiado de prescrição.

4.1. Os atos jurídicos da União Europeia

O processo legislativo ordinário consiste na adoção de um regulamento, de uma diretiva ou de uma decisão conjuntamente pelo Parlamento Europeu e

MANUAL DE DIREITO DA SEGURANÇA E SAÚDE NO TRABALHO

pelo Conselho, sob proposta da Comissão. Sobre este processo legislativo, dispõe o artigo 289º, TFUE:

"1. O processo legislativo ordinário consiste na adoção de um regulamento, de uma diretiva ou de uma decisão conjuntamente pelo Parlamento Europeu e pelo Conselho, sob proposta da Comissão. Este processo é definido no artigo 294º.

2. Nos casos específicos previstos pelos Tratados, a adoção de um regulamento, de uma diretiva ou de uma decisão pelo Parlamento Europeu, com a participação do Conselho, ou por este, com a participação do Parlamento Europeu, constitui um processo legislativo especial.

3. Os atos jurídicos adotados por processo legislativo constituem atos legislativos.

4. Nos casos específicos previstos pelos Tratados, os atos legislativos podem ser adotados por iniciativa de um grupo de Estados-Membros ou do Parlamento Europeu, por recomendação do Banco Central Europeu ou a pedido do Tribunal de Justiça ou do Banco Europeu de Investimento.

O artigo 288º do TFUE (ex-artigo 249º TCE), indica que:

Para exercerem as competências da União, as instituições adotam regulamentos, diretivas, decisões, recomendações e pareceres.

O regulamento tem carácter geral. É obrigatório em todos os seus elementos e diretamente aplicável em todos os Estados-Membros.

A diretiva vincula o Estado-Membro destinatário quanto ao resultado a alcançar, deixando, no entanto, às instâncias nacionais a competência quanto à forma e aos meios.

A decisão é obrigatória em todos os seus elementos. Quando designa destinatários, só é obrigatória para estes.

As recomendações e os pareceres não são vinculativos.

4.2. O regulamento

O regulamento é um ato normativo muito semelhante à lei nacional, possui carácter geral e obrigatório e não carece de incorporação no ordenamento nacional, é naturalmente incorporável.

A Agência Europeia para a Segurança e Saúde no Trabalho (EU-OSHA), foi adotada pelo Regulamento do Conselho (CE) nº 2062/94 de 18 de julho de

1994[17] (alterado pelo Regulamento nº 1654/95, de 29 de junho, nº 1654/2003, de 18 de junho e nº 1112/2005, de 24 de junho). A Agência reúne representantes dos governos, dos empregadores e das organizações de trabalhadores, bem como um conjunto de especialistas em saúde e segurança, prestando informação sobre tais matérias (art. 2º). Estando "encarregada de assistir nomeadamente a Comissão na realização das tarefas no domínio da segurança e da saúde no trabalho e, neste contexto, de contribuir para o desenvolvimento dos futuros programas de ações comunitárias relativos à proteção da segurança e da saúde no trabalho", conforme resulta do preâmbulo do Regulamento.

Nos termos do art. 2º do Regulamento: "A fim de promover a melhoria, nomeadamente, das condições de trabalho, para proteger a segurança e a saúde dos trabalhadores tal como previsto no Tratado e nos sucessivos programas de ação relativos à segurança e à saúde no local de trabalho, a agência tem por objetivo fornecer às instâncias comunitárias, aos Estados-membros e aos meios interessados as informações técnicas, científicas e económicas úteis no domínio da segurança e da saúde no trabalho".

Em Portugal, a Agência é representada pela Autoridade para as Condições do Trabalho.

A Fundação Europeia para a Melhoria das Condições de Vida e de Trabalho (EUROFOUND) criada pelo Regulamento nº 1365/75, de 26 de maio tem por missão a informação, o aconselhamento e a transmissão de saber no âmbito das condições de vida e de trabalho, das relações empresariais entre os parceiros sociais e da gestão de mudança em curso na Europa, aos principais atores da política social da EU, com base em informação comparada, investigação e análise.

4.3. A diretiva

A diretiva, apesar de ser também um ato normativo, tem natureza particular e pese embora, nada impedir a sua generalidade, assume-se como norma corretiva de ordenamentos que estão aquém do exigido pela UE, visando uma harmonização entre os estados membros, pelo que permite uma discricionariedade de acolhimento, atentos os meios e a forma que cada Estado entende adotar.

---

[17] Disponível em http://old.eur-lex.europa.eu/LexUriServ/LexUriServ.do?uri=CELEX:31994R2062:PT:NOT.

A norma contida na diretiva tem que ser transposta para o ordenamento jurídico nacional, para se manifestar, dentro do poder soberano do Estado, como ato normativo interno.

A Constituição da República Portuguesa, na Quarta Revisão, operada pela Lei Constitucional nº 1/97, de 20 de setembro, indica no art. 8º, nº 4, que:

> *"As disposições dos tratados que regem a União Europeia e as normas emanadas das suas instituições, no exercício das respetivas competências, são aplicáveis na ordem interna, nos termos definidos pelo direito da União, com respeito pelos princípios fundamentais do Estado de direito democrático".*

Um dos motivos de incumprimento do Estado mais comum, manifestação da omissão legislativa, consiste na não transposição da norma. Para além deste, a transposição deficiente ou seletiva, bem como a falta de exequibilidade da norma transposta, constituem também formas de incumprimento.

Quanto à não transposição, a jurisprudência comunitária lançou o *princípio do efeito direto* como forma de minorar os efeitos desvantajosos para o particular da inércia do Estado. Assim, o particular, numa relação jurídica vertical (contra o Estado), pode invocar diretamente a diretiva não transposta, desde que preenchidos certos requisitos.

Ainda, incumbe ao Estado respeitar o *princípio da cooperação*, não impedindo a entrada em vigor da diretiva, e adotando comportamentos cooperantes com o recebimento e execução desta no ordenamento jurídico nacional[18].

4.4. A decisão

A decisão apresenta afinidades com o regulamento. É igualmente obrigatória em todos os seus elementos, mas ao contrário, do Regulamento que é sempre geral, designa destinatários, só sendo obrigatória para estes.

O Comité Consultivo para a Segurança, Higiene e Proteção da Saúde no Local de Trabalho, foi criado pela Decisão nº 2003/C218/01, do Conselho, de 22 de junho.

---

[18] Para mais desenvolvimentos, *v.* nossa *Da problemática do efeito direto nas diretivas comunitárias, Dixit*, 2000, p. 77, J.V. LOUIS, *A ordem jurídica comunitária*, 3ª ed., Bruxelas, Comissão das Comunidades, Col. Perspetivas Europeias, p. 123 e e MARIA JOÃO PALMA, *Breves notas sobre a invocação das normas das diretivas comunitárias perante os tribunais nacionais*, 1ª reimpressão, AAFDL, 2000.

4.5. Princípios jurídicos comunitários relevantes

Para permitir que a ordem jurídica comunitária, cumpra a finalidade de uniformização, alguns princípios são de relevar.

Nos termos do *princípio do primado*, o Direito Comunitário originário (proveniente dos Tratados que vinculam as partes) e o Direito Comunitário derivado (que surge no exercício do poder legislativo da União) podem e devem sobrepor-se ao ordenamento jurídico nacional.

O Tribunal de Justiça das Comunidades, ergue no acórdão *Costa/ENEL*, o princípio do primado como princípio estruturante das relações entre as ordens jurídicas comunitárias e nacionais, devendo aquelas primar sobre as segundas.

A norma de resolução de conflito entre as duas ordens é a própria ordem comunitária ao se apresentar materialmente competente como norma de resolução, atenta a limitação de poderes soberanos aceite pelos Estados. Assim, em caso de conflito de leis, não se aplicará qualquer norma jurídica nacional contrária ao direito derivado, para que não seja precludida a produção do mesmo efeito jurídico ou de efeito jurídico idêntico em todo o espaço comunitário.

O Ac. *Simmenthal* constitui, igualmente, outro marco jurisprudencial na construção do princípio do primado.

O *princípio do acervo comunitário* (ou do adquirido comunitário) impõe que o Estado aderente aceite e cumpra todo o património jurídico construído antes da sua entrada, não podendo excluir do processo de integração ou harmonização as matérias às quais gostaria de se subtrair.

Realce também para o *princípio da cooperação* (ou solidariedade) que impõe um cumprimento das medidas comunitárias, censurando todos os atos que possam colocar em crise esse cumprimento.

O *princípio da aplicabilidade direta*, explica a forma de integração do Direito Comunitário originário ou derivado na ordem jurídica de cada Estado membro.

A norma jurídica está apta a conferir direitos e a impor obrigações aos Estados membros, aos seus órgãos e aos particulares, como o faz a lei nacional, não carecendo, para produzir efeitos na ordem jurídica interna, de ser incorporada no direito interno. Este princípio rege a forma de incorporação dos regulamentos comunitários.

Já as diretivas não beneficiam desse tipo de aplicabilidade, pois carecem sempre de transposição, ou seja, de incorporação no direito nacional de acordo com as técnicas legislativas vigentes.

Carecendo sempre de transposição, as diretivas são as únicas a beneficiarem do *princípio do efeito direto*, como princípio efetivo de combate à inércia do Estado transpositor.

Assim, para suprir ou minorar os efeitos negativos da não transposição ou de uma transposição não conforme, pode o particular apelar diretamente à diretiva [denominada *invocabilidade de substituição*], evitando ainda a aplicação de nomas jurídicas nacionais incompatíveis com a sua pretensão [denominada *invocabilidade de exclusão*].

Para tal, é necessário que a norma preencha os seguintes requisitos:

- detenha clareza e precisão, ou seja, exista imperatividade do *facere* ou do *non facere*, não possuindo a norma um conteúdo demasiado vago ou genérico. Só através da precisão e da clareza podem os titulares do direito conferido pela diretiva saberem em concreto quais as suas obrigações e quais os direitos respetivos.
- seja completa e perfeita, ou seja, a norma não carece de intervenção complementar, ou se carece, não assiste ao Estado membro margem de apreciação. A norma basta-se a si própria [auto-suficiência da norma];
- incondicional, a norma não apresenta qualquer condição, termo, prazo ou reserva, ou se apresenta, está sujeita a controlo jurisdicional.

O efeito direto pode então ser definido como a aptidão da norma para, preenchidos certos requisitos, conferir direitos, impor obrigações ou proteger interesses legítimos, sendo aplicada pelos órgãos jurisdicionais, contra o Estado membro (*efeito direto vertical*) ou contra outro particular (*efeito direto horizontal*)[19].

O princípio na sua vertente vertical [perante uma relação jurídica controvertida assente entre o particular e o Estado] impede o Estado incumpridor de, com a sua omissão, negar direitos a particulares ou impor-lhes sanções.

---

[19] Conforme por nós defendido, *v. Da problemática do efeito direto da diretiva comunitária*, p. 94.

Capítulo III
Enquadramento contratual das relações laborais

1. As relações laborais subordinadas

O art. 11º do Código do Trabalho define contrato de trabalho como "aquele pelo qual uma pessoa singular se obriga, mediante retribuição (contrato eminentemente oneroso), a prestar a sua atividade[20] a outra ou outras pessoas,[21] no âmbito de organização e sob a autoridade (*auctoritas*) destas" (subjugando o trabalhador ao cumprimento de deveres contratuais e/ou legais, de natureza principal, secundária e acessória).

O poder de autoridade e de direção que a lei confere ao empregador legitima a aplicação de sanções disciplinares, havendo violação por parte do trabalhador dos mencionados deveres (art. 328º, do CT), face a um juízo de adequabilidade e proporcionalidade (art. 330º, do CT).[22]

Ou seja, o trabalhador está sujeito a subordinação jurídica,[23] que consiste numa "relação de dependência necessária da conduta pessoal do trabalhador na execução do contrato face às ordens, regras e orientações dita-

---

[20] O art. 1º, da LCT dividia a atividade em inteletual ou manual.

[21] O ar. 1º da LCT só considerava a prestação a outra pessoa (e não a outra ou outras pessoas).

[22] Para mais desenvolvimentos, *v.* nosso *Código do Trabalho Anotado e Comentado*, Almedina, 2012, em co-autoria, p. 83 e ss.

[23] *Jurisprudência:*

1) *"I – A subordinação jurídica traduz-se numa relação de dependência necessária do trabalhador na execução do contrato, face às ordens, regras ou orientações ditadas pelo empregador, dentro dos limites do mesmo contrato e das normas que o regem. (...)".*
Ac. STJ, de 19.06.2004, CJ, Ano XII, T. II, p. 279

2) *"(...) IV – A subordinação jurídica constitui o elemento típico do contrato de trabalho, que permite distingui-lo dos contratos afins e consiste, essencialmente, no dever legal do trabalhador acatar as*

das pelo empregador, dentro dos limites do mesmo e das normas que o regem."[24]

E, eventualmente, numa subordinação económica, se a retribuição auferida for a sua exclusiva ou principal fonte de rendimento.

O contrato de trabalho que não apresenta limites temporais, é denominado *contrato sem termo*, cessando nos termos do art. 340º, do CT (sendo a caducidade prevista na al. *a*), a referente à "impossibilidade superveniente, absoluta e definitiva de o trabalhador prestar o seu trabalho ou de o empregador o receber", ou ocorrendo "a reforma do trabalhador, por velhice ou invalidez", segundo o disposto, respetivamente, nas als. *b*) e *c*), do art. 343º, do CT).

Por sua vez, o contrato de trabalho que se reveste de limites temporais, considera-se *contrato a termo*, podendo ser estabelecido termo certo ou termo incerto.

Tratando-se de termo resolutivo, em ambos os casos, o contrato de trabalho irá, em princípio, caducar (ocorrendo o respetivo termo).

A redução a escrito do contrato a termo é imposta pelo estatuído no art. 141º, nº 1, do CT, sob pena de conversão em contrato sem termo, de acordo com o art. 147º, nº 1, al. *c*), do CT.

No contrato a termo certo, o trabalhador tem conhecimento imediato, aquando da celebração do contrato, da data da respetiva cessação[25] (*certus an certus quando*).

A duração inicial (e renovada) não pode, no regime geral, ultrapassar os três anos (não sendo permitidas dentro desse arco temporal, mais de três renovações), nos termos do art. 148º, nº 1, al. *c*), do CT.

Tratando-se de nova atividade de duração incerta, bem como início de laboração de empresa ou de estabelecimento pertencente a empresa com menos de 750 trabalhadores e a contratação de desempregados de longa duração ou noutras situações previstas em legislação especial de política de emprego, a duração inicial (e renovada) não pode ultrapassar os dois anos (art. 148º, nº 1, al. *b*), do CT).

---

ordens que em cada momento lhe são dirigidas pelo empregador, emitidas por este no uso do poder de direção e que são vinculativas para aquele segundo o dever de obediência consignado na lei".
        Ac. STJ, de 12.06.2003, ADSTA, Ano XLIII, nº 506, p. 334.

[24] MONTEIRO FERNANDES, *Direito do Trabalho*, Almedina, 2014, 17ª edição, p. 121.

[25] Que agora o art. 141º, nº 1, al. *f*), do CT, impõe como indicação contratual.

No caso de contratação de trabalhadores à procura de primeiro emprego, a duração máxima (incluindo renovações) não pode ultrapassar os dezoito meses (art. 148º, nº 1, al. *a*), do CT).

A motivação contratual dos *contratos a termo certo* assenta numa cláusula geral de admissibilidade, fundada em dois pressupostos (cujo prova cabe ao empregador realizar, arts. 140º, nºs 1 e 5 e art. 147º, nº 1, al. *b*), do CT):

– necessidade temporária (apresentando o nº 2, do art. 140º, do CT, o leque de exemplificações);
– período estritamente necessário.

De ressalvar, no entanto, que o nº 4 do art. 140º, do CT, constitui uma norma auto-suficiente, considerando que, além das situações previstas no nº 1, pode ser celebrado um <u>contrato a termo certo</u> nos casos taxativamente elencados.

Na al. *a*), a motivação assenta na *natureza nova da atividade cuja duração é incerta* (1ª parte) ou o *início de laboração de uma empresa ou estabelecimento pertencente a empresa com menos de 750 trabalhadores* com o inerente risco de (in)sucesso (2ª parte),

No caso da al. *b*), do nº 4 do art. 140º, do CT, é a *mera qualidade do trabalhador* (à procura de primeiro emprego ou desempregado de longa duração ou noutras situações previstas em legislação especial) que motiva a contratação.

Ou seja, ao contrário do regime geral do contrato a termo certo, o art. 140º, nº 4, do CT, detém natureza taxativa (<u>só</u> admitindo a contratação nos casos aí configurados), não prescindindo do caráter temporário da necessidade (por remissão para o nº 1).

No *contrato a termo incerto*, o trabalhador não tem conhecimento imediato, aquando da celebração do contrato, da data da respetiva cessação, sabe apenas que o contrato irá algures no tempo cessar (*certus an incertus quando*).

2. A presunção da celebração de um contrato de trabalho

O art. 12º, do Código do Trabalho,[26] vem estabelecer (visando evitar a proliferação de verdadeiros contratos de trabalho encapotados em con-

---

[26] Artigo aditado pelo Compromisso Tripartido relativo à Proposta de Lei do Código do Trabalho apresentada à Comissão Permanente de Concertação Social.

tratos de prestação de serviços) um regime presuntivo de prestação laboral subordinada, face à verificação em concreto, nomeadamente dos seguintes requisitos:

– a atividade seja realizada em local pertencente ao beneficiário (unidade comercial, industrial) ou em local por este determinado (*v.g.*, no domicílio ou sede do cliente), nos termos da al. *a*));
– os equipamentos e instrumentos de trabalho utilizados pertençam ao beneficiário da atividade (al. *b*));
– o prestador de atividade observe horas de início e de termo da prestação, determinadas pelo beneficiário da mesma (al. *c*)),
– seja paga, com determinada periodicidade, uma quantia certa ao prestador de atividade, como contrapartida da mesma (al. *d*));
– o prestador de atividade desempenhe funções de direção ou chefia na estrutura orgânica da empresa (al. *e*)).

O nº 2, considera constituir contraordenação muito grave imputável ao empregador a prestação de atividade, de forma aparentemente autónoma, em condições características de contrato de trabalho, que possa causar prejuízo ao trabalhador ou ao Estado.

3. Os contratos equiparados ao contrato de trabalho
O art. 10º, do Código do Trabalho consigna expressamente que os contratos que tenham por objeto a prestação de trabalho, sem subordinação jurídica, sempre que o trabalhador deva considerar-se na dependência económica do empregador (e não, no nosso entender, do beneficiário da atividade) ficam sujeitos, entre outros, aos princípios referidos quanto a direitos de personalidade, igualdade e não discriminação e segurança, *higiene* e saúde no trabalho, sem prejuízo de regulamentação em legislação especial.

Neste caso, a lei releva a subordinação económica como elemento caracterizador do contrato de trabalho.

Capítulo IV
O regime jurídico da organização dos serviços de prevenção das empresas

1. Quadro legislativo atual

No que concerne ao direito privado, o regime de organização e funcionamento das atividades de segurança e saúde no trabalho, constava do Decreto-Lei nº 441/91, de 14 de novembro (artigos 13º e 23º) e do Decreto-Lei nº 26/94, de 01 de fevereiro.

Como vimos, os Decretos-Leis nºs 441/91 e 26/94 foram revogados pelo art. 120º, nºs 1, als. *a*) e *b*) da Lei nº 102/2009, de 10 de setembro, que aprovou o regime jurídico da promoção da segurança e saúde no trabalho (cuja quinta alteração foi realizada pela Lei nº 146/2015, de 09/09).

No que concerne ao contrato de trabalho em funções públicas, regula a Lei Geral do Trabalho em Funções Públicas, aprovada pela Lei nº 35/2014, de 20 de junho (com a quarta revisão efetuada pela Lei nº 84/2015, de 07 de agosto).

2. Enquadramento dos serviços internos, comuns e externos

O RJSST obriga o empregador a organizar as atividades de segurança e saúde no trabalho, num contexto de prevenção de riscos profissionais e acidentes de trabalho, nas modalidades de serviço interno; serviço comum e serviço externo (art. 74º, nº 1).

A regra consiste na adoção da modalidade de serviço interno (salvo havendo dispensa nos termos do art. 80º, ou admissibilidade para o exercício de atividades de segurança pelo empregador ou por trabalhador designado, segundo o art. 81º, ambos do RJSST), sendo apenas admitido o recurso a serviço comum ou externo, que assegure no todo ou em parte o desenvolvimento daquelas atividades e, ainda, a técnicos qualificados em número suficiente para assegurar o desenvolvimento daquelas atividades apenas nos casos em que na empresa ou no estabelecimento não houver meios suficientes para desenvolver as atividades integradas no funcionamento do serviço de segurança e de saúde no trabalho por parte do serviço interno (art. 74º, nº 2, RJSST). O empregador pode adotar diferentes modalidades de organização em cada estabelecimento (nº 3). As atividades de segurança podem ser organizadas separadamente das da saúde, observando-se, relativamente a cada uma delas, o disposto no número anterior (nº 4). Os serviços organizados nas modalidades de serviço interno, comum ou externo devem ter os meios suficientes que lhes permitam exercer as atividades principais de segurança e de saúde no trabalho (nº 5).

A obrigatoriedade da adoção da modalidade de serviço interno advém da dimensão da empresa ou estabelecimento (pelo menos 400 trabalhadores) quer isoladamente, quer em conjunto de estabelecimentos distanciados até 50 km daquele que ocupa maior número de trabalhadores e da atividade de risco elevado desenvolvida, a que estejam expostos pelo menos 30 trabalhadores (art. 78º, nº 3, RJSST).

2.1. Princípios orientadores do enquadramento

i) Princípio da adequabilidade

O art. 15º, do RJSST (sob a epígrafe Obrigações gerais do empregador e do trabalhador), obriga o empregador a assegurar aos trabalhadores condições de segurança e saúde em todos os aspetos relacionados com o trabalho (nº 1). Para tal, deverá reger-se pelos princípios gerais de prevenção previstos no nº 2:

a) Evitar os riscos;

b) Planificar a prevenção como um sistema coerente que integre a evolução técnica, a organização do trabalho, as condições de trabalho, as relações sociais e a influência dos fatores ambientais;

c) Identificação dos riscos previsíveis em todas as atividades da empresa, estabelecimento ou serviço, na conceção ou construção de instalações, de locais e processos de trabalho, assim como na seleção de equipamentos, substâncias e produtos, com vista à eliminação dos mesmos ou, quando esta seja inviável, à redução dos seus efeitos;

d) Integração da avaliação dos riscos para a segurança e a saúde do trabalhador no conjunto das atividades da empresa, estabelecimento ou serviço, devendo adotar as medidas adequadas de proteção;

e) Combate aos riscos na origem, por forma a eliminar ou reduzir a exposição e aumentar os níveis de proteção;

O REGIME JURÍDICO DA ORGANIZAÇÃO DOS SERVIÇOS DE PREVENÇÃO DAS EMPRESAS

f) Assegurar, nos locais de trabalho, que as exposições aos agentes químicos, físicos e biológicos e aos fatores de risco psicossociais não constituem risco para a segurança e saúde do trabalhador;

g) Adaptação do trabalho ao homem, especialmente no que se refere à conceção dos postos de trabalho, à escolha de equipamentos de trabalho e aos métodos de trabalho e produção, com vista a, nomeadamente, atenuar o trabalho monótono e o trabalho repetitivo e reduzir os riscos psicossociais;

h) Adaptação ao estado de evolução da técnica, bem como a novas formas de organização do trabalho;

i) Substituição do que é perigoso pelo que é isento de perigo ou menos perigoso;

j) Priorização das medidas de proteção coletiva em relação às medidas de proteção individual;

l) Elaboração e divulgação de instruções compreensíveis e adequadas à atividade desenvolvida pelo trabalhador.

A violação dos nºs 1 a 12º, integra ilícito contraordenacional muito grave (nº 14).

ii) Princípio da qualidade

As atividades técnicas de segurança no trabalho são exercidas por técnicos superiores ou técnicos de segurança no trabalho habilitados para tal (art. 100º, nº 1, RJSST), nos termos da Lei nº 42/2012, de 28 de agosto.

Por sua vez, a vigilância da saúde, dispõe o art. 107º, cabe ao médico do trabalho.

iii) Princípio da suficiência

A lei impõe a prestação de <u>serviços internos</u>:

- quando o estabelecimento tenha pelo menos 400 trabalhadores (art. 78º, nº 3, al. *a*)).
- para o conjunto de estabelecimentos distanciados até 50 km daquele que ocupa maior número de trabalhadores e que, com este, tenham pelo menos 400 trabalhadores (art. 78º, nº 3, al. *b*));
- para o estabelecimento ou conjunto de estabelecimentos que desenvolvam atividades de risco elevado (definido no art. 79º, RJSST),

a que estejam expostos pelo menos 30 trabalhadores (art. 78º, nº 3, al. *c*), RJSST).

Entende-se por serviço interno "o serviço prestado por uma empresa a outras empresas do grupo desde que aquela e estas pertençam a sociedades que se encontrem em relação de domínio ou de grupo" (art. 78º, nº 4, RJSST).

A lei permite o exercício direto pelo empregador ou por trabalhador designado:

- no caso de empresa, estabelecimento ou conjunto de estabelecimentos distanciados até 50 km do de maior dimensão, que empregue no máximo 9 trabalhadores e cuja atividade não seja de risco elevado, as atividades de segurança no trabalho possam ser exercidas diretamente pelo próprio empregador, desde que possua formação adequada (definida no art. 77º, nº 2, RJSST) e permaneça habitualmente nos estabelecimentos (art. 81º, nº 1, RJSST);
- neste caso, o empregador pode designar um ou mais trabalhadores para se ocuparem de todas ou algumas das atividades de segurança no trabalho desde que possuam formação adequada e disponham do tempo e dos meios necessários (art. 81º, nº 2, RJSST);
- a empresa deve solicitar autorização para o efeito (art. 81º, nºs 3 e 4, RJSST), a qual pode ser revogada nos termos do nº 6.

De acordo ainda com o referido princípio, "o empregador pode adotar diferentes modalidades de organização em cada estabelecimento" (art. 74º, nº 3, RJSST).

As atividades de segurança podem ser organizadas separadamente das da saúde (art. 74º, nº 4, RJSST).

A utilização de serviço comum ou de serviço externo não isenta o empregador da responsabilidade em matéria de segurança e de saúde que a lei lhe atribui (art. 74º, nº 6, RJSST).

Salvo nos casos de haver dispensa de serviço interno, a organização do serviço de segurança e saúde no trabalho deve adotar a modalidade de serviço interno, sendo admitido o recurso a serviço comum ou externo, que assegure no todo ou em parte o desenvolvimento daquelas atividades e, ainda, a técnicos qualificados em número suficiente para assegurar o desenvolvimento daquelas atividades apenas nos casos em que na empresa ou no estabelecimento não houver meios suficientes para desenvolver as atividades integradas no funcionamento do serviço de segurança e de saúde no trabalho por parte do serviço interno ou estando em causa o regime definido no artigo 81º (art. 74º, nº 2 , RJSST).

Seja qual for a modalidade do serviço de segurança e saúde no trabalho, a empresa ou o estabelecimento deve ter uma estrutura interna que assegure as atividades de emergência e primeiros socorros, de evacuação de trabalhadores e de combate a incêndios a que se refere o nº 9 do artigo 15º, assim como, e sempre que aplicável, de resgate de trabalhadores em situação de sinistro (art. 75º, RJSST).

iv) Princípio da economia

De acordo com o art. 82º, nº 1, RJSST, o serviço comum é instituído por acordo entre várias empresas ou estabelecimentos pertencentes a sociedades que não se encontrem em relação de grupo nem sejam abrangidas pelo disposto no nº 3 do art. 78º, RJSST, contemplando exclusivamente os trabalhadores por cuja segurança e saúde aqueles são responsáveis.

v) Princípio da publicitação

Este princípio reflete-se, entre outros, nas seguintes obrigações essenciais do empregador:

– O empregador deve comunicar à ACT os acidentes mortais, bem como aqueles que evidenciem uma lesão física grave, nas vinte e quatro horas seguintes à ocorrência (art. 111º, nº 1, RJSST). Essa comunicação deve ser acompanhada da identificação do trabalhador acidentado e a descrição dos factos, devendo ser acompanhado de informação e respetivos registos sobre os tempos de trabalho prestado pelo trabalhador nos 30 dias que antecederam o acidente (nº 2 , RJSST);

– O empregador deve prestar, para cada um dos estabelecimentos, informação sobre a atividade anual desenvolvida pelo serviço de segurança e de saúde no trabalho em cada estabelecimento (art. 112º, RJSST)[27].

---

[27] O art. 74º, nº 7 do RJSST, foi revogado, aquando da alteração realizada pela Lei nº 3/ /2014, de 28.01, referente à notificação à ACT da modalidade adotada para a organização dos serviços de segurança e de saúde.

3. A organização dos serviços de segurança e saúde no trabalho

O RJSST (art. 74º) ao indicar que a organização do serviço de segurança e saúde no trabalho pode adotar a modalidade de serviço interno, serviço comum ou serviço externo (nº 1), poderia induzir uma liberdade de escolha, que efetivamente não existe.

A organização do serviço terá que adotar a modalidade de serviço interno, estando em causa uma certa dimensão da empresa ou um certo tipo de atividade exercida. Poderá ser dispensada deste, preenchidas certas condições que garantam ou façam presumir que as medidas de prevenção estão acauteladas.

Há, portanto, uma ordem gradativa de escolha. Assim o disse a Comissão das Comunidades Europeias, no Proc. nº C-441/01, estabelecendo que há uma ordem de prioridades em matéria de organização das atividades de segurança e de saúde na empresa. Só quando as competências são insuficientes na empresa é que a entidade patronal deve recorrer a competências externas[28].

Qualquer que seja a modalidade do serviço de segurança e saúde no trabalho, a empresa ou o estabelecimento deve ter uma estrutura interna que assegure as atividades de emergência e primeiros socorros, de evacuação de trabalhadores e de combate a incêndios a que se refere o nº 9 do artigo 15º, do RJSST, assim como, e sempre que aplicável, de resgate de trabalhadores em situação de sinistro (art. 75º, nº 1, RJSST).

3.1. Serviço interno

A imposição do serviço interno constitui exceção à livre escolha das modalidades de organização dos serviços de segurança e de saúde, acolhida no art. 73º, nº 1, RJSST.

A lei impõe o serviço interno, atenta a densidade de trabalhadores (pelo menos, 400 trabalhadores), nos termos do art. 78º, nº 3, als. *a*) e *b*), RJSST ou o risco elevado a que estejam expostos no mínimo 30 trabalhadores (al. *c*), RJSST).

Considera-se serviço interno aquele que é prestado por uma empresa a outras empresas do grupo desde que aquela e estas pertençam a sociedades que se encontrem em relação de domínio ou de grupo (art. 78º, nº 4, RJSST).

---

[28] Disponível http://curia.europa.eu/juris/document/document.jsf;jsessionid=9ea7d2dc30 db12a4defc4aee4095ab59c1ca0e69b25d.e34KaxiLc3qMb40Rch0SaxuMa3z0?text=&doc id=54198&pageIndex=0&doclang=PT&mode=req&dir=&occ=first&part=1&cid=339319.

O serviço interno é instituído pelo empregador e abrange exclusivamente os trabalhadores por cuja segurança e saúde aquele é responsável (art. 78º, nº 1, RJSST).

Os técnicos de segurança e saúde no trabalho prestam a sua atividade no âmbito da organização e sob autoridade do empregador, apesar de detentores de autonomia técnica (nº 2, RJSST).

A questão da autonomia de desempenho do técnico é crucial para aferir do alcance do dever de obediência ao empregador.

Podem ocorrer duas situações que dispensem a adoção imperativa de serviço interno. O empregador, apesar de carecer de adotar o serviço interno por critérios de densidade de trabalhadores, solicite dispensa nos termos do art. 80º, RJSST ou tratando-se de micro empresa[29], desde que não exerça atividade de risco elevado[30], de acordo com o art. 81º, RJSST.

a) Dispensa de serviço interno

O empregador pode obter dispensa da obrigatoriedade de serviço interno para outra modalidade, desde que não exerça atividade de risco elevado (art. 80º, nº 1, al. *a*) e art. 79º, RJSST), apresente taxas de incidência e de gravidade, de acidentes de trabalho, nos dois últimos anos, não superiores à média do respetivo setor (art. 80º, nº 1, al. *b*), RJSST), não existam registos de doenças profissionais contraídas ao serviço da empresa ou para as quais tenham contribuído direta e decisivamente as condições de trabalho da empresa (al. *c*), RJSST), o empregador não tenha sido punido por infrações muito graves respeitantes à violação da legislação de segurança e saúde no trabalho praticadas no mesmo estabelecimento nos últimos dois anos (al. *d*), RJSST) e se verifique, pela análise dos relatórios de avaliação de risco apresentados pelo requerente ou através de vistoria, quando necessário, que são respeitados os valores limite de exposição a substâncias ou fatores de risco (al. *e*), RJSST).

O requerimento de autorização deve ser enviado ao organismo competente, nomeadamente por via eletrónica, acompanhado de parecer fundamentado dos representantes dos trabalhadores para a segurança e saúde no trabalho ou, na sua falta, dos próprios trabalhadores, sem prejuízo do disposto nos nºs 3 e 5 do artigo 18º (art. 80º, nº 2, RJSST).

---

[29] Nos termos do art. 100º, nº 1, al. *a*), do CT, considera-se microempresa a que emprega menos de 10 trabalhadores.

[30] Considerado no art. 79º, do RJSST.

A autorização de dispensa de serviço interno será revogada caso ocorra acidente de trabalho mortal por violação das regras de segurança e de saúde no trabalho imputado ao empregador (art. 80º, nº 4, al. *a*), RJSST), o empregador apresente taxas de incidência e de gravidade de acidentes de trabalho nos dois últimos anos superiores à média do respetivo setor, sempre que existam dados disponíveis (al. *b*)), se verifiquem doenças profissionais contraídas ao serviço da empresa ou para as quais tenham contribuído direta e decisivamente as condições de trabalho da empresa (al *c*)) e o empregador tiver sido condenado, nos dois últimos anos, pela pratica de contraordenação muito grave ou em reincidência pela prática de contraordenação grave em matéria de segurança e de saúde no trabalho (al. *d*)).

b) Atividades exercidas pelo empregador ou por trabalhador designado
Na empresa, estabelecimento ou conjunto de estabelecimentos distanciados até 50 km do de maior dimensão que empregue no máximo nove trabalhadores (micro-empresa, nos termos do art. 100º, al. *a*), CT) e cuja atividade não seja de risco elevado (definida no art. 79º, RJSST) as atividades de segurança no trabalho podem ser exercidas diretamente pelo próprio empregador se possuir formação adequada e permanecer habitualmente nos estabelecimentos (art. 81º, nº 1, RJSST).

Ou, pode o empregador designar um ou mais trabalhadores para se ocuparem dessas atividades, desde que possuam formação adequada e disponham do tempo e dos meios necessários (nº 2).

O regime da *atividades exercidas pelo empregador ou por trabalhador designado* depende de prévia autorização concedida pela ACT (nº 3).

A autorização de dispensa deve ser revogada (nos termos do art. 81º, nº 6, RJSST) se:

- Na empresa, no estabelecimento ou conjunto de estabelecimentos tiver ocorrido um acidente de trabalho mortal por violação de regras de segurança e de saúde no trabalho imputável ao empregador (al. *a*));
- O empregador tiver sido condenado, nos dois últimos anos, pela prática de contraordenação muito grave em matéria de segurança e de saúde no trabalho ou em reincidência pela prática de contraordenação grave em matéria de segurança e de saúde no trabalho (al. *b*));
- O empregador não tiver comunicado ao organismo com competência em matéria de promoção da segurança e saúde no trabalho do ministério responsável pela área laboral a verificação da alteração dos elementos que fundamentaram a autorização, no prazo de 30 dias (al. *c*)).

Havendo revogação da autorização deste regime, deve o empregador adotar outra modalidade de organização do serviço de segurança e de saúde, no prazo de 90 dias (nº 7).

O nº 9, do art. 81º, RJSST, mantém que os trabalhadores designados não podem ser prejudicados por se encontrarem no exercício das atividades mencionadas, impendendo-lhes mais onerosas condições de trabalho, nomeadamente, no que concerne ao tempo de trabalho.

Como formulação nova, e mais próxima dos interesses do requerente, considera-se tacitamente autorizado o serviço simplificado, 45 dias depois de requerido (nº 10). Na redação anterior, o deferimento tácito não era considerado e o prazo para concessão da autorização era de 60 dias.

A Portaria nº 255/2010, de 5 de maio, aprova o modelo de autorização do serviço comum, de serviço externo e de dispensa de serviço interno de segurança e saúde no trabalho.

4. Serviços externos

Considera-se serviço externo aquele que é desenvolvido por entidade que, mediante contrato com o empregador, realiza atividades de segurança ou de saúde no trabalho, desde que não seja serviço comum (art. 83º, nº 1, RJSST).

Os serviços externos privados prestados por sociedades, associações, cooperativas ou por pessoa singular, estão sujeitos a autorização, envolvendo um procedimento administrativo de acreditação (art. 84º, nº 1, RJSST). A autorização pode ser concedida para atividades de uma ou ambas as áreas da segurança e da saúde, para todos ou alguns setores de atividade, bem como para determinadas atividades de risco elevado (nº 2).

Constituindo contraordenação muito grave o exercício da atividade por serviço externo sem autorização, nomeadamente para a área, o setor ou a atividade de risco elevado em causa (nº 6). Esta responsabilidade contraordenacional recai sobre o empregador contratante e o serviço externo contratado (nº 7).

Na redação dada ao RJSST pela Lei nº 3/2014, de 28/01, eliminou-se a referência à responsabilidade solidária entre a empresa ou estabelecimento beneficiário e a empresa de serviço de segurança e/ou saúde não autorizada.

A eliminação tem razão de ser. Exigir ao empregador uma supervisão da autorização concedida ao serviço contratado seria, por vezes, um ónus excessivo. Particularmente, quando a entidade que assegura o serviço externo perde a autorização de funcionamento após o contrato celebrado com a empresa empregadora.

A prestação do serviço externo deve decorrer de celebração do contrato de prestação de serviço externo, sujeito a redução a escrito (art. 83º, nºs 1 e 4, do RJSST).

Segundo a definição de FERNANDO CABRAL e MANUEL ROXO[31] os serviços de prevenção externos são "organizações autorizadas a exercer a atividade na área da segurança e *higiene* do trabalho, na área da saúde do trabalho, ou em ambas, assegurando nas empresas o desenvolvimento da generalidade das atividades correspondentes àqueles domínios".

Conforme já advinha do regime anterior admitem-se várias modalidades de serviços externos, para além das propriamente definidas no nº 2 do art. 83º.

O regime atual apenas admite as modalidades de serviços externos, definidas no nº 2 do art. 83º, RJSST.

O nº 3, do art. 83º, do RJSST, que permitia ao empregador adotar modalidades diferentes da nomenclatura legal, desde que autorizadas, foi revogado pela Lei nº 3/2014, de 28/01.

Do elenco legal constam as modalidades:

– serviços externos associativos (art. 83º, nº 2, al. *a*))

Os serviços associativos são prestados por associações com personalidade jurídica sem fins lucrativos, cujo fim estatutário compreenda a atividade de prestação de serviços de segurança e saúde no trabalho (art. 83º, nº 2, al. *a*), RJSST).

As associações possuem personalidade jurídica, mas prescindem dos fins lucrativos. A lei não exige exclusividade do seu objeto, apenas que este exercício conste do respetivo objeto estatutário.

Com a redação dada pela Lei nº 3/2014, de 28/01, eliminou-se a indicação *expressamente*.

– serviços externos cooperativos (art. 83º, nº 2, al. *b*))

Os serviços cooperativos são prestados por cooperativas cujo objeto estatutário compreenda a atividade de prestação de serviços de segurança e saúde no trabalho (art. 83º, nº 2, al. *b*), RJSST).

Nos termos do Código Cooperativo,[32] as cooperativas são "pessoas coletivas autónomas, de livre constituição, de capital e composição variáveis, que, através da cooperação e entreajuda dos seus membros, com obediência aos princípios cooperativos, visam, sem fins lucrativos, a satisfação das necessidades e aspirações económicas, sociais ou culturais daqueles" (art. 1º, nº 1).

---

[31] *Op. cit.*, p. 105.
[32] Aprovado pela Lei nº 119/2015, de 31/08.

Apesar da permissão do art. 4º do Código Cooperativo (que admite que outros ramos do setor cooperativo venham a ser legalmente admitidos, para além dos que o Código já admite), a lei exige que o respetivo objeto estatutário compreenda, a atividade de segurança e saúde no trabalho.

Com a redação redação dada pela Lei nº 3/2014, de 28/01, eliminou-se a indicação *expressamente*.

– <u>serviços externos privados</u> (art. 83º, nº 2, al. *c*))

Os serviços privados são prestados por sociedades cujo objeto social compreenda a atividade de prestação de serviços de segurança e de saúde no trabalho ou por pessoa singular que detenha as qualificações legalmente exigidas para o exercício da atividade (art. 83º, nº 2, al. *c*), RJSST).

Estes serviços são prestados por sociedades, de cujo pacto social conste o exercício de atividades de segurança e saúde (1ª parte da norma) ou por, pessoa individual detentora das qualificações legais adequadas (2ª parte da norma).

Com a redação redação dada pela Lei nº 3/2014, de 28/01, eliminou-se a indicação *expressamente*. Substituiu-se a expressão pacto social por *objeto social*, e a pessoa individual, por *pessoa singular*.

Parece-nos que com ou sem exclusividade do exercício da atividade de segurança e saúde no trabalho.

No que concerne à prestação por sociedades, o regime está aberto a qualquer tipo societário (sociedade em nome coletivo, sociedade por quotas, sociedade anónima e sociedade em comandita simples ou por ações), contanto este se encontre previstos na lei (face à tipicidade do art. 1º, nº 2 do Código das Sociedades Comerciais).[33]

Tratando os serviços externos de segurança e saúde do exercício de uma atividade não comercial, o nº 4 do mesmo preceito obriga a que as sociedades que tenham exclusivamente por objeto a prática de atos não comerciais adotem um dos tipos legalmente previstos.

A lei também permite o exercício por parte de pessoa singular, mediante a constituição de uma empresa em nome individual para exercício do serviço externo e desde que o empresário possua habilitação e formação adequadas. Este requisito não se confunde com o exercício das atividades técnicas da segurança e saúde no trabalho.[34]

---

[33] Aprovado pelo Decreto-Lei nº 262/86, de 02.09, na versão dada pela Lei nº 148/2015, de 09/09.

[34] Subscreve-mos o entendimento de FERNANDO CABRAL e MANUEL ROXO, *op. cit.*, p. 105.

– <u>serviços externos convencionados</u> (art. 83º, nº 2, al. *d*), RJSST)

Os serviços convencionados são os prestados por qualquer entidade da administração pública central, regional ou local, instituto público ou instituição integrada no Serviço Nacional de Saúde.

O Estatuto do Serviço Nacional de Saúde foi aprovado pelo Decreto-Lei nº 11/93, de 15 de janeiro, com a última alteração dada pela Lei nº 82-B//2014, de 31/12.

No entanto, e enquanto o Decreto-Lei nº 26/94, de 01 de fevereiro, impunha alguns requisitos de substância ao contrato (*v.g.*, identificação completa da entidade prestadora; identificação do técnico responsável), a lei atual é totalmente omissa, deixando à liberdade das partes a modelação contratual. No entanto, haverá um núcleo mínimo de informação que o beneficiário da prestação deve receber.

Pelo que, e usando como base de trabalho o art. 10º do revogado Decreto-Lei nº 26/94, de 10 de fevereiro, entendemos que o contrato de prestação de serviço externo deve conter, pelo menos, as seguintes cláusulas, contemplando o objeto essencial do contrato:

MINUTA DE CONTRATO DE PRESTAÇÃO DE SERVIÇO
EXTERNO DE SEGURANÇA E SAÚDE NO TRABALHO

Entre
(Identificação da empresa prestadora do serviço)

..........., sociedade comercial ...., com sede na Rua ..., detentora do NIPC nº ...., com .... e de capital social, registada na Conservatória do Registo Comercial do Porto sob o nº .....

Doravante designada como Primeira Outorgante,

E
(Identificação da empresa beneficiária do serviço)

..........., sociedade comercial ...., com sede na Rua ..., freguesia de ..., do concelho de ..., contribuinte nº ...., detentora do número de segurança social ...., com o CAE nº ...., dedicada à atividade ...., no setor de comércio/indústria/serviço.

Doravante designada como Segundo Outorgante,

É celebrado o presente contrato de prestação de serviço externo de segurança e saúde no trabalho constante das cláusulas a seguir indicadas:

CLÁUSULA 1ª
(Tipo de serviço prestado)

1. A Primeira Outorgante obriga-se a prestar ao Segundo os serviços de vigilância na saúde e segurança, dentro da esfera da respetiva atividade profissional.

2. A prestação dos serviços de segurança no trabalho cabe aos técnicos superiores ou técnico-profissionais certificados.

3. A prestação dos serviços de vigilância na saúde cabe a um médico de medicina de trabalho, reconhecido pela Ordem dos Médicos.

4. Tratando-se de empresa com mais de 250 trabalhadores, o médico do trabalho deve ser coadjuvado por um enfermeiro com experiência na atividade.

CLÁUSULA 2ª
(Âmbito pessoal do contrato)

O presente contrato abrange a totalidade dos trabalhadores do(s) estabelecimento(s) do Segundo Outorgante.

CLÁUSULA 3ª
(Local ou locais de prestação de serviços)

A prestação dos serviços indicados na cláusula 1ª será realizada no domicílio/ sede do segundo outorgante, excetuando-se os serviços de medicina do trabalho.

CLÁUSULA 4ª
(Identificação do técnico responsável pelo serviço e do médico do trabalho)

1. É designado como técnico responsável pelo serviço de segurança ....

2. É designado como médico responsável pelo serviço de saúde ....

CLÁUSULA 5ª
(Número de trabalhadores abrangidos e respetivo desempenho)

Os (...) trabalhadores abrangidos pelo serviço constante do presente contrato, desempenham as seguintes funções: ....

CLÁUSULA 6ª
(Número de horas mensais despendidas pela prestadora ao beneficiário da prestação)

A primeira outorgante despenderá para a execução dos serviços constantes do presente contrato ... horas/mensais.

CLÁUSULA 7ª
(Encargos com a execução do contrato)

1. Para a prestação do serviço de saúde, o custo unitário corresponde a .... e.

2. Para a prestação dos serviços de segurança, o custo unitário corresponde a .... e.

3. Assim, o pagamento anual devido é fixado em ....e, correspondendo aos dois serviços supra indicados num universo de ...... trabalhadores.

4. O valor indicado no número anterior é pago aquando da celebração do presente contrato.

CLÁUSULA 8ª
(Medicina do Trabalho)

1. Os exames de saúde realizados correspondem às seguintes modalidades:

- exames de admissão, antes do início da prestação de trabalho, ou nos 15 dias seguintes, havendo urgência na prestação;
- exames periódicos anuais, para os menores e para os trabalhadores com idade superior a 50 anos;
- exames periódicos bi-anuais, para os restantes trabalhadores;
- exames ocasionais, sempre que haja alterações substanciais nos componentes materiais de trabalho que possam ter repercussão nociva na saúde do trabalhador;
- exames ocasionais, nos casos de regresso ao trabalho de trabalhador ausente por período superior a 30 dias, em virtude de doença ou acidente;
- exames complementares, sempre que tal se justifique.

2. Os trabalhadores do Segundo Outorgante devem comparecer às consultas e exames médicos determinados pelo médico do trabalho.

3. Os exames de saúde complementares de diagnóstico contemplam:
- electrocardiograma;
- espirometria;
- audiometria (no caso de trabalhadores expostos ao ruído);
- teste de visão;
- análise de urina tipo II.

4. Sempre que necessário serão realizados outros exames clínicos complementares.

5. A realização de microradiografia e a atualização do calendário vacinal são da responsabilidade do Segundo Outorgante.

6. O médico do trabalho preencherá a consequente ficha de aptidão, comunicando ao empregador apenas o resultado do exame realizado (de aptidão ou de não aptidão do trabalhador).

7. O médico do trabalho organizará e manterá atualizados os registos clínicos de cada trabalhador.

CLÁUSULA 9ª
(Fichas clínica e de aptidão)

1. O resultado dos exames indicados é anotado na ficha clínica do trabalhador, sujeita a segredo profissional.

2. O trabalhador, a seu pedido, tem direito a receber cópia da referida ficha.

3. O médico do trabalho apenas indica ao beneficiário da prestação a aptidão ou inaptidão do trabalhador, neste último caso, devendo indicar outras funções desempenháveis.

CLÁUSULA 10ª
(Atividades dos serviços de segurança e saúde no trabalho)

1. Cabe ao Primeiro Outorgante promover as seguintes diligências:
- planear a prevenção, integrando a avaliação dos riscos e as respetivas medidas de prevenção;
- proceder à avaliação de riscos, elaborando os respetivos relatórios;
- elaborar o plano de prevenção de riscos profissionais, bem como planos detalhados de prevenção e proteção exigidos por legislação específica;
- participar na elaboração do plano de emergência interno, entre outros, os planos específicos de combate a incêndios, evacuação de instalações e resgate de trabalhadores em situação de sinistro.
- colaborar na conceção de locais, métodos e organização do trabalho, bem como na escolha e na manutenção de equipamentos de trabalho;
- supervisionar o aprovisionamento, a validade e a conservação dos equipamentos de proteção individual, bem como a instalação e a manutenção da sinalização de segurança;
- realizar exames de vigilância da saúde, elaborando os relatórios e as fichas, bem como organizar e manter atualizados os registos clínicos e outros elementos informativos relativos ao trabalhador;
- desenvolver atividades de promoção da saúde;
- coordenar as medidas a adotar em caso de perigo grave e iminente;
- vigiar as condições de trabalho de trabalhadores em situações mais vulneráveis;

MANUAL DE DIREITO DA SEGURANÇA E SAÚDE NO TRABALHO

- conceber e desenvolver o programa de informação para a promoção da segurança e saúde no trabalho;
- apoiar as atividades de informação e consulta dos representantes dos trabalhadores para a segurança e saúde no trabalho ou, na sua falta, dos próprios trabalhadores;
- assegurar ou acompanhar a execução das medidas de prevenção, promovendo a sua eficiência e operacionalidade;
- organizar os elementos necessários às notificações obrigatórias;
- elaborar as participações obrigatórias em caso de acidente de trabalho ou doença profissional;
- coordenar ou acompanhar auditorias e inspeções internas;
- analisar as causas de acidentes de trabalho ou da ocorrência de doenças profissionais, elaborando os respetivos relatórios;
- recolher e organizar elementos estatísticos relativos à segurança e à saúde no trabalho.

2. Para o cabal desempenho destas atividades por parte do Primeiro Outorgante, obriga-se o Segundo a facultar-lhe toda a informação e documentação necessárias.

3. Cabe ao Segundo Outorgante manter atualizado, para consulta:
- resultados das avaliações de riscos profissionais;
- lista de acidentes de trabalho que tenham ocasionado ausência por incapacidade para o trabalho, bem como acidentes ou incidentes que assumam particular gravidade na perspetiva da segurança no trabalho;
- relatórios sobre acidentes de trabalho que originem ausência por incapacidade para o trabalho ou que revelem indícios de particular gravidade na perspetiva da segurança no trabalho;
- lista das situações de baixa por doença e do número de dias de ausência ao trabalho e, no caso de doenças profissionais, a relação das doenças participadas;
- lista das medidas, propostas ou recomendações formuladas pelos serviços de segurança e saúde no trabalho.

CLÁUSULA 11ª
(Relatório anual da atividade do serviço de segurança e saúde no trabalho)

Ao prestador do serviço constante deste contrato compete a realização do relatório anual da atividade do serviço de segurança e de saúde no trabalho.

CLÁUSULA 12ª
(Deveres de cooperação do Segundo Outorgante para efeito de segurança e saúde no trabalho)

1. O Segundo Outorgante concede aos técnicos do Primeiro Outorgante a informação necessária ao desempenho da função de segurança no trabalho (identificação de fatores de risco, formação e prevenção nos postos de trabalho, relatório anual de atividade e acompanhamento técnico), e de medicina do trabalho, nomeadamente:

- Admissão de novos trabalhadores;
- Situações de doença ou acidente por período superior a 3 dias;
- Agentes utilizados na atividade;
- Normas do processo de produção;
- Riscos potenciais da atividade;
- Avaliação de fatores de risco (ruído, iluminação, segurança de máquinas);
- Aquisição de novos equipamentos;
- Alteração da atividade normal da empresa;
- Acidentes de trabalho (com cópia da participação à respetiva companhia seguradora);
- Datas e horários para a realização dos exames médicos e das visitas dos técnicos de segurança no trabalho.

2. Para tal, aos referidos técnicos é facultado o livre acesso aos locais de trabalho e o contacto com os trabalhadores, em particular, com os representantes dos trabalhadores para a segurança no trabalho.

3. A violação do previsto na presente cláusula exonera o Primeiro Outorgante de qualquer responsabilidade pela não prestação dos serviços.

CLÁUSULA 13ª
(Início e termo da atividade de prestação)

1. O presente contrato é celebrado pelo prazo de dois anos, sendo renovável por iguais períodos.

2. Qualquer uma das partes o pode denunciar, mediante o aviso prévio de 60 dias, antes do respetivo termo.

CLÁUSULA 14ª
(Sigilo profissional)

1. Todo o teor da informação recebida pelo Primeiro Outorgante é sujeito a sigilo profissional.

2. A violação do sigilo profissional responsabiliza o Primeiro Outorgante nos termos gerais.

Porto, ... de .... de ....

A Primeira Outorgante:

A Segunda Outorgante:

4.1. Autorização administrativa do serviço externo

Os arts. 84º a 96º, do RJSST, cuidam da matéria respeitante à autorização para a prática deste tipo de serviço.

Trata-se de um processo de acreditação perante a ACT, no caso de exercício de atividade no domínio da segurança (art. 84º, nº 3, al. *a*), do RJSST) ou perante a DGS, no caso de exercício de atividade no domínio da saúde (art. 84º, nº 3, al. *b*)).

O pedido de autorização é instruído nos termos do art. 85º, do RJSST.

A autorização <u>de serviços externos</u> concedida pode ser, nos termos do nº 3, do art. 84º, do RJSST, para:

– atividades de segurança;
– atividades de saúde.

A lei atual impõe que igualmente a alteração da autorização, no que respeita a setores de atividade e atividades de risco elevado, deve respeitar o procedimento previsto nos arts. 84º a 96º, do RJSST (art. 84º, nº 4, RJSS).

Os nºs 8 a 10 do art. 84º, do RJSST, aditados pela Lei nº 3/2014, de 28/01, regulam os serviços externos contratados por empresa estabelecida noutro Estado Membro do Espaço Económico Europeu.

Os requisitos para autorização do serviço externo são os seguintes:

i) Disponibilidade permanente de, no mínimo, um técnico superior e um técnico de segurança no trabalho e disponibilidade de um médico do trabalho, que exerçam as respetivas atividades de segurança ou de saúde (art. 85º, nº 1, al. *a*));

ii) Instalações adequadas e equipadas para o exercício da atividades (al. *b)*);

iii) Equipamentos e utensílios de avaliação das condições de segurança e saúde no trabalho e equipamentos de proteção individual a utilizar pelo pessoal técnico do requerente (al. *c)*);

iv) Qualidade técnica dos procedimentos, nomeadamente para avaliação das condições de segurança e de saúde e planeamento das atividades (al. *d)*);

v) Capacidade para o exercício das atividades previstas no nº 1 do artigo 73º-B, sem prejuízo do recurso a subcontratação apenas para a execução de outras tarefas de elevada complexidade ou pouco frequentes (al. *e)*);

vi) Garantias suficientes em relação às medidas de segurança técnica e de organização dos tratamentos de dados pessoais a efetuar (al. *f)*).

Aditou-se o nº 5, sobre cumprimento de requisitos equivalentes noutro Estado membro do Espaço Económico Europeu.

Saliente-se que o requerente deve apresentar, nos termos do art. 85º, nº 3, do RJSST:

i) o número de técnicos com as qualificações legalmente exigidas (al. *a)*);

A assistência técnica tem que estar garantida por técnico superior de segurança no trabalho e por técnico de segurança do trabalho para as atividades de segurança (art. 100º, nº 1, do RJSST) e médico do trabalho e enfermeiro para a atividade de saúde do trabalho, no caso de empresa com mais de 250 trabalhadores (arts. 103º, nº 1 e 104º, nº 1, do RJSST).

ii) Deve ainda ser indicada a natureza dos respetivos vínculos e os períodos normais de trabalho do pessoal técnico superior e técnico de segurança do trabalho e dos tempos mensais de afetação ao médico do trabalho e enfermeiro (al. *b)*);

Para a atividade industrial:
Técnicos superiores/técnicos de segurança no trabalho *versus* número de trabalhadores (art. 101º, nº 2, al. *a)*)

– Até 50 trabalhadores – 1 técnico
– Acima de 50 trabalhadores – 2 técnicos por cada 1500 trabalhadores abrangidos ou fração, sendo, pelos menos, um deles, técnico superior.

Para a atividade comercial e prestação de serviços:

Técnicos superiores/técnicos de segurança no trabalho *versus* número de trabalhadores (art. 101º, nº 2, al. *b*))

- Até 50 trabalhadores – 1 técnico
- Acima de 50 trabalhadores – 2 técnicos por cada 3000 trabalhadores abrangidos ou fração, sendo, pelos menos, um deles, técnico superior.

iii) instalações devidamente equipadas e em condições adequadas ao exercício da atividade (al. *c*));

As instalações podem constituir instalações fixas da empresa prestadora de segurança e saúde no trabalho ou da empresa beneficiária, bem como instalações móveis,[35] que deverão, naturalmente cumprir o Regulamento Geral de Higiene e Segurança do Trabalho nos Estabelecimentos Comerciais, de Escritórios e Serviços, previsto no Decreto-Lei nº 243/86, de 20.08.

iv) na área da saúde, devem cumprir os requisitos para as unidades privadas de saúde (al. *d*));

v) adequação dos equipamentos de trabalho às tarefas a desenvolver e ao número máximo de trabalhadores do requerente que, em simultâneo, deles possam necessitar (al *e*));

vi) as características dos equipamentos e utensílios a utilizar na avaliação das condições de segurança e de saúde no trabalho (al. *f*));

vii) os procedimentos no domínio da metrologia relativos aos equipamentos e utensílios (al. *g*)).

O Manual de Procedimentos é tomado em consideração na apreciação da qualidade técnica da proposta de serviço externo (art. 85º, nº 4).

O Manual de Procedimentos deve indicar:

- Política de qualidade,
- Planeamento das atividades,
- Política de subcontratação,
- Procedimentos técnicos nas áreas de atividade para que se requer autorização com referência aos diplomas aplicáveis,
- Códigos de boas práticas – Listas de verificação.

---

[35] Estas últimas são habituais nos estaleiros, bem como nas empresas que exercem atividade de baixo risco.

A autorização de serviço externo é requerida à ACT (art. 86º, nº 1, do RJSST), instruída com os elementos indicados nos nºs 2 e 3.

O requerente deve indicar, nos termos do nº 2:

- Que pretende exercer a atividade em ambas as áreas da segurança e saúde ou apenas numa delas e qual, num ou em vários setores de atividade e, sendo caso disso, as atividades de risco elevado envolvidas (al. *a*));
- Tratando-se de pessoa singular, a sua identificação através de nome, números de identificação fiscal e de bilhete de identidade ou número de identificação civil, domicílio e estabelecimentos (al. *b*));
- Tratando-se de pessoa coletiva, a denominação, o número de identificação de pessoa coletiva, o objeto, a sede social e os estabelecimentos (al. *c*)).

A atual lei não reconhece o direito a audiência do interessado, havendo uma eventual decisão desfavorável, propondo a realização de uma segunda vistoria após correção das deficiências verificadas (art. 88º, nºs 5 e 6, do RJSST).

O nº 7 do art. 88º, do RJSST, determina o indeferimento tácito, em caso de não preenchimento das condições impostas e em caso de não solicitação de uma segunda vistoria.

O processo de acreditação encontra-se sujeito ao pagamento prévio das taxas previstas no art. 91º, do RJSST.

A autorização do <u>serviço externo</u> (bem como a sua alteração e revogação), são hoje decididas por despacho conjunto dos ministros responsáveis pela área laboral e pelo setor da saúde (art. 93º, nº 1, do RJSST).

A decisão de autorização deve especificar as áreas de segurança ou saúde e, sendo o caso, as atividades de risco elevado abrangidas (nº 2).

Estando em causa uma decisão desfavorável, permite-se a audiência de interessados a fim de procederem à redução do pedido, quanto à área de atividade ou quanto aos setores de atividade potencialmente abrangidos (nº 4).

O nº 5, na nova redação, permite prazos distintos, consoante haja ou não vistoria.

O nº 6 [que na redação anterior, remetia para o CPA], indica que não sendo cumpridos os prazos, se considera a autorização ou a alteração à autorização tacitamente deferida, desde que acautelado o pagamento das taxas devidas pelos atos que tenham sido praticados. Nos termos do artigo 130º, nº 1, do CPA, existe deferimento tácito quando a lei ou regulamento deter-

MANUAL DE DIREITO DA SEGURANÇA E SAÚDE NO TRABALHO

mine que a ausência de notificação da decisão final sobre pretensão dirigida a órgão competente dentro do prazo legal tem o valor de deferimento.

A autorização deve expressamente indicar as áreas de segurança ou saúde, e, eventualmente, as atividades de risco, abrangidas (art. 93º, nº 2, do RJSST).

5. Serviço comum

O art. 74º, nº 1, al. *b*), do RJSST, prevê igualmente o <u>serviço comum</u>, o qual é criado por "acordo entre várias empresas ou estabelecimentos pertencentes a sociedades que não se encontrem em relação de grupo nem sejam abrangidas pelos disposto no nº 3 do art. 78º, contemplando exclusivamente os trabalhadores por cuja segurança e saúde aqueles são responsáveis" (art. 82º, nº 1, do RJSST).

A Lei nº 3/2014, de 28/01 clarificou que as empresas não se podem encontrar em relação de grupo.

Quanto ao estabelecimento, como parte constituinte da empresa, poderia parecer redundante a sua indicação, mas quer-se permitir que vários estabelecimentos do mesmo empregador atenta a sua localização, possam estabelecer as respetivas parcerias.

Segundo o disposto no art. 82º, nº 2, RJSST, o acordo que institua o serviço comum deve ser celebrado por escrito e comunicado à ACT ou à DGS, consoante os casos, no prazo máximo de 10 dias após a sua celebração.

A comunicação deve ser acompanhada, para além do acordo de serviço externo, de parecer fundamentado dos representantes dos trabalhadores para a segurança e saúde no trabalho ou, na sua falta, dos próprios trabalhadores e é apresentado, nomeadamente por via eletrónica, através do balcão único eletrónico dos serviços, de acordo com o modelo disponibilizado nas páginas eletrónicas dos organismos competentes (nº 3).

O serviço comum só pode ser prestado a empresas que tenham acordado nesse sentido, estando vedado a empresas que não façam parte do acordo de prestação de serviço comum (nº 4).

5.1. Atividades técnicas de segurança e saúde no trabalho

A segurança e a saúde no trabalho são realidades autonomizadas.

A primeira está contida nos arts. 100º a 102º, do RJSST; a segunda, consta dos arts. 103º a 110º, do RJSST.

Relativamente, às atividades técnicas de segurança no trabalho, o seu exercício compete exclusivamente aos técnicos superiores ou técnicos de segurança no trabalho habilitados para tal, nos termos da Lei nº 42/2012, de 28 de agosto.

O art. 100º, nº 2, do RJSST, realça a autonomia técnica destes profissionais, que, por força do respetivo vínculo contratual, poderia ser tendencialmente esbatida.

A atividade técnica de saúde no trabalho é assegurada pelo médico do trabalho, como tal, reconhecido pela respetiva Ordem (art. 103º, nº 1, do RJSST).

Considera-se, ainda, médico do trabalho aquele a quem for reconhecida idoneidade técnica para o exercício das respetivas funções, nos termos do Decreto nº 47 512, de 25 de janeiro de 1967[36] (art. 103º, nº 2).

No caso de comprovada insuficiência destes, a Direção-Geral de Saúde pode autorizar outros licenciados em medicina a exercer a função de vigilância na saúde (nº 3). O médico do trabalho tem acesso, naturalmente, às informações técnicas, sujeitas a sigilo profissional.

Tratando-se de empresa com mais de 250 trabalhadores, deve ser coadjuvado por enfermeiro (art. 104º, nº 1, do RJSST).

A empresa ou o estabelecimento, qualquer que seja a modalidade do serviço de segurança e saúde no trabalho, deve ter uma estrutura interna que assegure as atividades de emergência e primeiros socorros, de evacuação de trabalhadores e de combate a incêndios a que se refere o nº 9 do artigo 15º, assim como, e sempre que aplicável, de resgate de trabalhadores em situação de sinistro (art. 75º, nº 1, RJSST).

6. Funcionamento dos serviços de segurança e saúde no trabalho

Para uma concretização das obrigações do empregador previstas no art. 127º, nº 1, als. *g*) e *i*), CT, relativas às condições laborais, em matéria de segurança e saúde no trabalho e à adequada organização da atividade a desempenhar, cumprindo as exigências em matéria de segurança e saúde (nº 2), o art. 15º, do RJSST enuncia as obrigações gerais do empregador. Tendo a redação atual aditado dois princípios: evitar os riscos (nº 2, al. *a*)) e planificar a prevenção como um sistema coerente *(al. b))*.

Mantendo-se a identificação dos riscos previsíveis em todas as atividades da empresa, estabelecimento ou serviço (al. *c*)); a integração da avaliação dos riscos para a segurança e saúde do trabalhador (al. *d*)), o combate dos riscos

---

[36] Que aprovou o Regulamento dos Serviços Médicos do Trabalho das Empresas (art. 37º, § 1).

na origem, a montante do desempenho (al. *e*)); o assegurar que as exposição aos agentes químicos, físicos e biológicos e aos fatores de risco psicossociais não constituem risco para a segurança e saúde do trabalhador (al. *f*)), a adaptação do trabalho ao homem para atenuar o trabalho monótono e o trabalho repetitivo e reduzir os riscos psicossociais (al. *g*)), a adaptação ao estado de evolução da técnica, bem como a novas formas de organização do trabalho (al. *h*)), a substituição do que é perigoso pelo que é isento ou menos perigoso (al. *i*)), a priorização das medidas de proteção coletiva em relação às medidas de proteção individual (al. *j*)), e a elaboração e divulgação de instruções compreensíveis e adequadas à atividade desenvolvida (al. *l*)).

O art. 18º, do RJSST, cuida da consulta dos trabalhadores, o qual deverá ser conjugado com o art. 20º, do RJSST, que trata da formação dos mesmos, por forma a prevenir os riscos profissionais e promover a segurança e a saúde dos trabalhadores.

O art. 15º, nºs 6 e 9, RJSST, acolhe um dever especial de informação relativamente aos riscos para a segurança e saúde. Assim, cabe ao empregador assegurar medidas e instruções que permitam ao trabalhador, em caso de perigo grave e iminente que não possa ser tecnicamente evitado, cessar a sua atividade ou afastar-se imediatamente do local de trabalho, sem que possa retomar a atividade enquanto persistir esse perigo, salvo em casos excecionais e desde que assegurada a proteção adequada (nº 6). Bem como medidas de prevenção; medidas e instruções a adotar em caso de perigo grave e iminente; e medidas em matéria de primeiros socorros, de combate a incêndios e de evacuação as medidas que devem ser adotadas e a identificação dos trabalhadores responsáveis pela sua aplicação, bem como assegurar os contactos necessários com as entidades externas competentes para realizar aquelas operações e as de emergência médica (nº 9).

Cabe ao empregador, como credor da prestação laboral, zelar pelo seu desempenho nas melhores condições de segurança e saúde, suportando integralmente os encargos com a sua organização e o seu funcionamento, incluindo exames de vigilância da saúde, avaliações de exposições, testes e todas as ações necessárias no âmbito da promoção da segurança e saúde no trabalho, sem impor aos trabalhadores quaisquer encargos financeiros (art. 15º, nº 12, do RJSST).

O art. 19º, nº 2, do RJSST, do mesmo dispositivo, prevê os momentos em que a informação deve ser fornecida ou atualizada, sendo apresentados os casos seguintes:

- admissão na empresa (al. *a*));
- mudança de posto de trabalho ou de funções (al. *b*));
- introdução de novos equipamentos de trabalho ou alteração dos existentes (al. *c*));
- adoção de uma nova tecnologia (al. *d*));
- atividades que envolvam trabalhadores de diversas empresas (al. *e*)).

A avaliação de riscos consiste "no processo de identificar, estimar (quantitativa ou qualitativamente) e valorizar os riscos para a saúde e segurança dos trabalhadores. Com efeito, este processo visa obter a informação necessária à tomada de decisão relativa às ações preventivas a adotar".[37]

Nos termos do art. 46º, nº 1, do RJSST, os serviços de segurança e saúde no trabalho devem manter atualizados os resultados das avaliações dos riscos. E, o empregador deve conservá-los, pelo período de 40 anos, após ter terminado a exposição dos trabalhadores a que digam respeito, para efeito de consulta por parte das entidades fiscalizadoras (nº 3).

Os princípios gerais do sistema de prevenção de riscos profissionais constam do art. 5º, do RJSST, em particular, o nº 3.

Esta promoção e vigilância deve ser articulada com o disposto nos artigos 103º a 110º, do RJSST, dedicados ao serviço de saúde no trabalho.

7. Direitos e deveres dos trabalhadores

7.1. Deveres dos trabalhadores
O art. 17º, nº 1, do RJSST, contempla um núcleo essencial de deveres que cabe ao trabalhador acatar, visando a promoção e execução da segurança e saúde no trabalho.

Assim, considera como obrigações dos trabalhadores:

- Cumprir as prescrições de segurança e de saúde no trabalho estabelecidas nas disposições legais e em instrumentos de regulamentação coletiva de trabalho, bem como as instruções determinadas com esse fim pelo empregador (al. *a*));
- Zelar pela sua segurança e pela sua saúde, bem como pela segurança e pela saúde das outras pessoas que possam ser afetadas pelas suas ações ou omissões no trabalho, sobretudo quando exerça funções de chefia ou coordenação, em relação aos serviços sob o seu enquadramento hierárquico e técnico (al. *b*));

---

[37] FERNANDO CABRAL e MANUEL ROXO, *op. cit.*, p. 81 e ss.

- Utilizar corretamente e de acordo com as instruções transmitidas pelo empregador, máquinas, aparelhos, instrumentos, substâncias perigosas e outros equipamentos e meios postos à sua disposição, designadamente os equipamentos de proteção coletiva e individual, bem como cumprir os procedimentos de trabalho estabelecidos (al. *c*));
- Cooperar ativamente na empresa, no estabelecimento ou no serviço para a melhoria do sistema de segurança e de saúde no trabalho, tomando conhecimento da informação prestada pelo empregador e comparecendo às consultas e aos exames determinados pelo médico do trabalho (al. *d*));
- Comunicar imediatamente ao superior hierárquico ou, não sendo possível, ao trabalhador designado para o desempenho de funções específicas nos domínios da segurança e saúde no local de trabalho as avarias e deficiências por si detetadas que se lhe afigurem suscetíveis de originarem perigo grave e iminente, assim como qualquer defeito verificado nos sistemas de proteção (al. *e*));
- Em caso de perigo grave e iminente, adotar as medidas e instruções previamente estabelecidas para tal situação, sem prejuízo do dever de contactar, logo que possível, com o superior hierárquico ou com os trabalhadores que desempenham funções específicas nos domínios da segurança e saúde no local de trabalho (al. *f*)).

Neste ponto, se incluindo a imperatividade do regime dos exames médicos, a qual encontra suporte no art. 64º, nº 1 da CRP,[38] que preceitua: "*Todos têm direito à proteção da saúde e o dever de a defender e promover*". Aparentemente, mesmo contra a vontade do titular (da saúde).

Conforme explicam GOMES CANOTILHO e VITAL MOREIRA:[39] "Não existe apenas um direito à proteção da saúde, mas também um dever de a promover e defender (nº 1, 2ª parte). Esse dever dos cidadãos tem por objeto, quer a própria saúde, quer a dos outros («saúde pública»). Como dever jurídico que é, pode fundamentar obrigações legais de fazer (por ex., obrigatoriedade de vacinação) ou de não fazer (por exemplo, proibição de fumar em transportes públicos), que podem ser garantidos penalmente."

---

[38] Ver ainda o título dedicado à vigilância na saúde.

[39] *Op. cit.*, p. 343.

Os autores explicam ainda que o "direito à saúde (pertencente aos chamados direitos económicos, sociais e culturais) comporta duas vertentes: uma, de natureza negativa, que consiste no direito a exigir do Estado (ou de terceiros) que se abstenham de qualquer ato que prejudique a saúde; outra, de natureza positiva, que significa o direito às medidas e prestações estaduais visando a prevenção das doenças e o tratamento delas."

Este dever legal e constitucionalmente imposto ao trabalhador pode, portanto e como tal, ser objeto de censura disciplinar.[40]

A Diretiva-Quadro nº 89/391/CEE, de 12 de junho de 1989 (relativa à melhoria da segurança e da saúde dos trabalhadores) atenua, no entanto, bastante esse dever de cumprimento, ao indicar apenas que "as medidas destinadas a assegurar a vigilância adequada da saúde dos trabalhadores em função dos riscos para a sua segurança e saúde no local de trabalho", serão de molde a "permitir que, caso o deseje, cada trabalhador possa submeter-se a um controlo de saúde a intervalos regulares" (art. 14º, nºs 1 e 2). Esse controlo de saúde pode estar incluído num sistema nacional de saúde (nº 3).

A imperatividade prevista na lei nacional parece apontar para um excesso de zelo transpositivo e a vacuidade das próprias normas pode determinar uma intromissão dificilmente tolerável na vida privada dos trabalhadores.

As deficiências do regime nacional foram atempadamente apontados pela CNPD,[41] que entendeu que a "obrigatoriedade de o trabalhador «comparecer às consultas e exames médicos determinados pelo médico do trabalho» (art. 249º, nº 1, al. *b*), da Proposta de Lei[42]) continuam a conferir uma «margem de discricionariedade» aos serviços de medicina do trabalho".[43]

---

[40] JOÃO PALLA LIZARDO, *Exames médicos obrigatórios e direitos de personalidade*, QL, nº 24, p. 217, apresenta o caso de um trabalhador sujeito a sanções disciplinares, em virtude de recusa em se submeter a um exame médico para a sua entidade patronal determinar quais as funções que poderia desempenhar em face da diminuição da sua capacidade visual.
Explica o Autor que, "o trabalhador entregara um documento, passado pelo seu médico pessoal, no qual se referia a existência de problemas de visão, o empregador exigiu-lhe que se apresentasse para exames perante um médico da sua exclusiva escolha e, face à recusa do trabalhador em cumprir essa ordem, foi decretado o seu despedimento. Na primeira instância, a ação de impugnação desse despedimento foi julgada procedente, mas (...), a Relação de Lisboa considerou que existia justa causa para a cessação do contrato.
Devendo desde logo dizer-se que, embora não tivesse ficado provado que o médico escolhido pela entidade patronal detivesse qualquer formação complementar de Medicina no Trabalho, a Relação entendeu que «a entidade empregadora» não tinha «que justificar perante o trabalhador as habilitações técnicas de Medicina no Trabalho do médico perante quem convoque o trabalhador a apresentar-se a exame."

[41] Parecer nº 11/2004.

[42] Agora art. 255º.

[43] "A diretiva comunitária quadro sobre a SST deixa antever um princípio de voluntariedade (art. 14º/2 da Dir. 89/291/CEE) na submissão dos trabalhadores a exames de saúde. Essa regra não subsiste, se entendida na sua pureza, na lei laboral portuguesa", MANUEL ROXO, *Direito da Segurança e Saúde no Trabalho*.

MANUAL DE DIREITO DA SEGURANÇA E SAÚDE NO TRABALHO

Voltaremos a este aspeto da questão aquando da análise da vigilância na saúde, mas, desde já, se adianta, que quanto a nós, o artigo 108º, nº 1 do RJSST, deveria estabelecer limites à realização dos exames de saúde, impondo, nomeadamente, alguma tipologia (dentro do aceitável e razoável), sujeitando os trabalhadores à análise médica estritamente necessária, adequada e proporcionada.

Na lei anterior (art. 22º, nº 1, al. *c*) do Decreto-Lei nº 26/94, de 01.02), era incluído ainda o dever do trabalhador prestar informações sobre a respetiva aptidão física e psíquica e sobre factos ou circunstâncias que visassem garantir a sua segurança e saúde.

O art. 8º, nº 4, da Diretiva nº 89/391/CEE determina, ainda, que os trabalhadores não podem ser prejudicados em virtude de se ter afastado do seu posto de trabalho ou de uma área perigosa em caso de perigo grave e iminente nem por terem adotado medidas para a sua própria segurança ou para a segurança de outrem.

Se, no entanto, o próprio trabalhador violar culposamente as obrigações plasmadas no nº 1, do art. 17º, do RJSST, ou cuja conduta tiver contribuído para originar uma situação de perigo, incorre em responsabilidade disciplinar e civil (nº 5).

As obrigações atribuídas aos trabalhadores não excluem (ou substituem) a responsabilidade do empregador pela segurança e saúde dos trabalhadores em todos os aspetos relacionados com o trabalho (nº 3).

O art. 17º, do RJSST desenvolve o plasmado no CT, no que concerne ao cumprimento de ordens e instruções do empregador respeitantes a execução e disciplina da segurança e saúde no trabalho, que não sejam contrárias aos respetivos direitos ou garantias (art. 128º, nº 1, al. *e*)); cooperação para a melhoria da segurança e saúde no trabalho (al. *i*)) e cumprimento das prescrições sobre segurança e saúde no trabalho que decorrem de lei ou IRCT (al. *j*)).

7.2. Direitos dos trabalhadores

Os direitos dos trabalhadores emanam da própria norma que atribui ao empregador deveres essenciais gerais para o recebimento da prestação de trabalho (art. 15º, do RJSST).

O empregador deve adotar medidas e dar instruções que permitam ao trabalhador, em caso de perigo grave e iminente que não possa ser tecnicamente evitado, cessar a sua atividade ou afastar-se imediatamente do local de trabalho, não podendo retomar funções enquanto persistir esse perigo, salvo em casos excecionais e desde que assegurada a proteção adequada (art. 15º, nº 6, do RJSST).

O trabalhador e seus representantes para a segurança e saúde podem, a todo o tempo, apresentar propostas de modo a minimizar qualquer risco profissional (art. 18º, nº 7, do RJSST).

Em caso de violação culposa das condições de trabalho, em matéria de segurança e saúde, assiste ao trabalhador o direito de resolução contratual, nos termos do art. 394º, nºs 1 e 2, al. *d*)), do CT.

Trata-se de uma *resolução subjetiva*, por facto imputável ao empregador. Preside à justa causa resolutiva a ideia da inexigibilidade da prestação, estando em causa a segurança ou a saúde da pessoa do trabalhador.

O procedimento para resolução é realizado, por escrito, no prazo de 30 dias após o conhecimento dos factos, motivado com os elementos que fundamentam a resolução (art. 395º, nº 1, do CT).

Só a resolução subjectiva é indemnizável, nos termos do art. 396º, do CT, correspondendo à moldura de 15 e 45 dias de retribuição base e diuturnidades por cada ano completo de antiguidade, atendendo ao valor da retribuição e ao grau da ilicitude do comportamento do empregador, não podendo ser inferior a três meses de retribuição base e diuturnidades (nº 1).

A polémica sobre a não contemplação, no CT/2003, do dano moral, foi agora minorada, sendo considerada para efeitos indemnizatórios (nº 3).

Apesar de matéria jovem, tem solicitado o interesse da jurisprudência:

1) *I – Há justa causa para o trabalhador resolver o contrato de trabalho se o empregador não lhe assegurar boas condições de segurança em todos os aspetos relacionados com o trabalho de forma a evitar riscos para a sua saúde, vida ou integridade física.*

II – Na indemnização a fixar pela resolução há que ponderar, o grau de culpa do empregador, a gravidade dos danos sofridos pelo trabalhador e o montante salarial por este auferido.

Ac. RC, de 7 de junho de 2010, CJ, Ano XXXV, Tomo III, p. 236.

2) (...)

III – Deve concluir-se pela verificação de justa causa de resolução do contrato por parte de trabalhadora que, enquanto caixa num supermercado, ao longo de vários anos foi vítima de assaltos, ofensas à sua integridade física e psíquica e de roubo, sem que a entidade patronal tenha tomado as medidas adequadas para evitar ou minorar os riscos de ocorrência dessas situações.

Ac. RP, de 07 de maio de 2010, in www.dgsi.pt (Proc. nº 807/08.0TTVNG.P1.

Assiste, ainda ao trabalhador, o direito de resistência a ordens ilegítimas (art. 129º, nº 1, al. *a*), do CT) e a todas as formas de pressão para que atue no sentido de influir desfavoravelmente nas condições de trabalho (al. *c*)).

Dentro dos procedimentos cautelares especificados, o CPT, indica a proteção da segurança (higiene) e saúde no trabalho (art. 44º), conferindo ao trabalhador o direito de requerer ao tribunal as providências que, em função da gravidade da situação e das demais circunstâncias do caso, se mostrem adequadas a prevenir ou a afastar aquele perigo (nº 1).

Tratando-se de um incumprimento contratual por parte do empregador, a lei permite que o trabalhador seja ressarcido do prejuízo que o incumprimento lhe cause (art. 323º, nº 1, do CT).

Como medida provisória, assiste ainda ao trabalhador o direito de suspender o contrato de trabalho, firmado na impossibilidade temporária, parcial ou total de prestação de trabalho por facto relativo ao empregador (art. 294º, nº 1, do CT).

A obrigação de prevenção do empregador, consagrada no art. 19º, nº 1, do RJSST, impõe que este informe o trabalhador e os seus representantes para a segurança e saúde de informação atualizada sobre:

(i) os riscos para a segurança e saúde, bem como as medidas de proteção e de prevenção e a forma como se aplicam, quer em relação à atividade desenvolvida quer em relação à empresa, estabelecimento ou serviço (art. 18º, nº 1, al. *j*), por remissão da al. *a*), do nº 1, do art. 19º;

(ii) as medidas e as instruções a adotar em caso de perigo grave e iminente (art. 19º, nº 1, al. *b*));

(iii) as medidas de emergência e primeiros socorros, de evacuação de trabalhadores e de combate a incêndios, bem como os trabalhadores ou serviços encarregues de as pôr em prática (art. 19º, nº 1, al. *c*)).

Assiste, também, ao trabalhador o direito a receber uma formação adequada no domínio da segurança e saúde no trabalho, tendo em atenção o posto de trabalho e o exercício de atividades de risco elevado (art. 20º, nº 1 do RJSST).

Capítulo V

O direito de segurança no trabalho e os direitos de personalidade do trabalhador e do candidato a emprego

Questão prévia

O ordenamento jurídico nacional não apresenta uma definição de direitos de personalidade, direitos sobre a *persona*.

O Código Civil consagra uma tutela geral sobre esta matéria, dizendo o art. 70ª, que a *"lei protege os indivíduos contra qualquer ofensa ilícita ou ameaça de ofensa à sua personalidade física ou moral"*, e indica algumas manifestações especiais como o *direito ao nome* (art. 72º), o *direito à imagem* (art. 79º) e o *direito à reserva sobre a intimidade da vida privada* (art. 80º).

Igualmente, a CRP resguarda os direitos de personalidade, como o *direito à vida* (art. 24º), o *direito à integridade pessoal* (art. 25º), e *outros direitos pessoais* (art. 26º), de índole pessoal.

Só aquando da codificação laboral de 2003, se acolheram os direitos de personalidade, pensados para uma relação jurídica civilista, ou seja, paritária.

Os direitos de personalidade em direito constitucional, são preferencialmente denominados por direitos fundamentais.

O CT/ 2009, manteve essa ordem de integração, consagrando a *liberdade de expressão e de opinião* (art. 14º), a *integridade física e moral* (art. 15º), a *reserva da intimidade da vida privada* (art. 16º), a *proteção de dados pessoais* (art. 17º), os *dados biométricos* (art. 18º), os *testes e exames médicos* (art. 19º), os *meios de vigilância à distância* (art. 20º) e a *confidencialidade de mensagem e de acesso à informação* (art. 22º)[44].

---

[44] *V.* nossa *Os direitos de personalidade consagrados no Código do trabalho na perspetiva exclusiva do trabalhador subordinado – direitos (desfigurados)*, Almedina, 2013, p. 141-142.

MANUAL DE DIREITO DA SEGURANÇA E SAÚDE NO TRABALHO

1. O direito à informação do empregador e sua articulação com os dados pessoais, sensíveis e hipersensíveis do trabalhador

O conceito de vida privada tem vindo a ser delineado pela doutrina, na ausência de uma definição legal.

A teoria das três esferas (*Spharentheorie*), deve-se a H. Hubmann que distinguiu entre a esfera individual (*Individualsphare*) e a esfera privada (*Privatsphare*).

Na "primeira incluir-se-ia a proteção de identidade perante terceiros, e, portanto o direito ao nome e à reputação, e na segunda, os aspetos da personalidade desligados da vida em relação com os outros", explica RICARDO LEITE PINTO[45].

A *Spharentheorie* foi acolhida pelo Código do Trabalho, apesar de não o ter sido pela Constituição, sendo utilizada para demarcar a esfera da informação partilhável da esfera da informação não partilhável.

Na verdade, o Código do Trabalho recebeu uma tese mista. Partindo da teoria das três esferas, o legislador avança para uma descrição do que entende dever ser resguardado como vida privada.

MENEZES LEITÃO[46] explica que a teoria compreende a esfera íntima que "abrange a vida familiar, saúde, comportamentos sexuais e convicções políticas e religiosas, cuja proteção é, em princípio, absoluta"; a esfera privada, que "detém uma proteção relativa, podendo ceder em caso de conflito com direitos e interesses superiores"; e a esfera pública, que "concerne às situações que são objeto de conhecimento público e que, por isso, podem ser livremente divulgadas."

Segundo GOMES CANOTILHO e VITAL MOREIRA[47] este direito analisa-se principalmente em "dois direitos menores:

---

[45] *Liberdade de imprensa e vida privada*, Revista da Ordem dos Advogados. Lisboa: Ano 54, abril, 1994. p. 101.

V., ainda, os contributos de JÓNATAS MACHADO, *Liberdade de expressão – dimensões constitucionais da esfera pública no sistema social*, Coimbra Editora, *Studia Iuridica*, 2002, p. 795 e PAULO MOTA PINTO, *A proteção da vida privada e a Constituição*, BFDUC, Coimbra, 2000, pp. 162-163.

[46] *A proteção dos dados pessoais no contrato de trabalho*, in «A reforma do Código do Trabalho», Coimbra Editora, 2005, p. 126.

V. ainda, DAVID DE OLIVEIRA FESTAS, *O direito à reserva da intimidade da vida privada do trabalhador no Código do Trabalho*, ROA, Ano 64, nov. 2004, Lisboa, p. 379 e GLÓRIA REBELO, *Teletrabalho e privacidade – Contributos e Desafios para o Direito do Trabalho*, RH Editora, 2004, p. 57.

[47] *Constituição da República Anotada*, Coimbra Editora, 4ª ed. revista, 2007, p. 467.

a) o direito a impedir o acesso de estranhos a informações sobre a vida privada e familiar e

b) o direito a que ninguém divulgue as informações que tenha a vida privada e familiar de outrem".

O Tribunal Constitucional apresenta-o como "o direito que toda a pessoa tem a que permaneçam desconhecidos determinados aspetos da sua vida privada, assim como a controlar o conhecimento que terceiros tenham dela."[48]

Conforme explica PAULO MOTA PINTO[49] podemos verificar que a "«infra-estrutura» teleológica do problema da tutela da *privacy* é caracterizada por uma fundamental contraposição: de um lado, o interesse do indivíduo na sua privacidade, isto é, em subtrair-se à atenção dos outros, em impedir o acesso a si próprio ou em obstar à tomada de conhecimento ou à divulgação de informação pessoal (interesses estes que, resumindo, poderíamos dizer serem os interesses em evitar a intromissão dos outros na esfera privada e em impedir a revelação da informação pertencente a essa esfera); de outro lado, fundamentalmente o interesse em conhecer e em divulgar a informação conhecida, além do mais raro em ter acesso ou controlar os movimentos do indivíduo, interesses que ganharão maior peso se forem também interesses públicos".

Contributo menor, mas não despiciendo para esta questão, é ainda o facto de ser o próprio titular que voluntariamente determina (ou deveria tal faculdade ser-lhe livremente conferida) o âmbito de partilha da informação, ou seja, que alarga a informação partilhável até à esfera mais íntima, se necessário, consoante o grau de confiança e convivência com os outros que o co-envolvem. No fundo, o grau de publicitação conferido pelo titular dos dados no acesso e divulgação de informação perante os outros, que parametriza as relações sociais do nosso quotidiano.

O RJSST e o Código do Trabalho não determinam quais os dados pessoais que podem ser objeto de tratamento – tal há-de ser aferido pelo art. 7º, nºs 1 e 4 da Lei de Proteção de Dados Pessoais (aprovada pela Lei nº 67/98, de 26.10.).

---

[48] No Ac. nº 368/2002, citando Lucrecio Rebollo Delgado, *El derecho fundamental a la intimidad*, Dykinson, 2000, p. 94.

[49] *O direito à reserva sobre a intimidade da vida privada*, Boletim da Faculdade de Direito da Univ. de Coimbra, vol. LXIX, p. 508 e ss.

O art. 3º, al. *a*), da Lei nº 67/98, de 26.10., define claramente dados pessoais como "qualquer informação, de qualquer natureza e independentemente do respetivo suporte, incluindo som e imagem, relativa a uma pessoa singular identificada ou identificável[50] («titular dos dados»)[51].

Por sua vez, são considerados *dados pessoais sensíveis* os "referentes a convicções filosóficas ou políticas, filiação partidária ou sindical, fé religiosa, vida privada e origem racial ou étnica, bem como o tratamento de dados relativos à saúde[52] e à vida sexual[53], incluindo os dados genéticos" (art. 7º, nº 1).

Os dados médicos são aqueles que se referem "à doença, descrição dos sintomas, diagnósticos, tratamento, prognóstico e informação médica justificativa do grau de incapacidade do trabalhador."[54]

Segundo CATARINA SARMENTO E CASTRO,[55] consideram-se dados de saúde, "não apenas aqueles que resultem do diagnóstico médico feito, mas todos aqueles que permitam apurá-lo, incluindo resultados de análises clínicas, imagens de exames radiológicos, imagens vídeos ou fotográficas que sirvam o mesmo fim."

---

[50] Segundo o mesmo preceito é considerada identificável a "pessoa que possa ser identificada direta ou indiretamente, designadamente por referência a um número de identificação ou a um ou mais elementos específicos da sua identidade física, fisiológica, psíquica, económica, cultural ou social."

[51] *V.* alguns exemplos de dados pessoais, em CATARINA SARMENTO E CASTRO, *Direito da informática, privacidade e dados pessoais*, Almedina, 2005, p. 74. Como, por ex., o nome do titular; a morada; os números de segurança social, de contribuinte, do bilhete de identidade, do passaporte, de telefone, de e-mail; a imagem biométrica, uma fotografia, uma impressão digital.

[52] Segundo a Autorização nº 64/95, da CNPD, www.cnpd.pt/actos., citada por AMADEU GUERRA, *A privacidade no local de trabalho*, Almedina, 2004, p. 261, nota 476: "Não integram «dados de saúde» os dados tratados por companhia de seguros relativos à percentagem de incapacidade, código da lesão, parte do corpo atingida, causas do acidente, data da baixa e da alta médicas."
Será meramente informação administrativa a relativa "à residência, sexo e menção da existência de um expediente médico perante um organismo de Segurança Social ou a indicação de um grau de incapacidade atribuído ao trabalhador" (nota 477).

[53] *V.g.*, práticas sexuais de risco ou protegidas, constância ou alternância de parceiro sexual.

[54] AMADEU GUERRA, *op. cit.*, p. 261.

[55] *Op. cit.*, p. 91.

Conforme explica AMADEU GUERRA:[56] "o tratamento (de dados) pode limitar-se a registar os dados de identificação, funções desempenhadas e periodicidade dos exames de saúde, ou englobar um especial grau de detalhe: doenças naturais, doenças profissionais, acidentes de trabalho, antecedentes pessoais e familiares, tratamentos e pequenas cirurgias, exames, resultados de análises clínicas e baixas, dados biométricos, hábitos de vida, condições familiares e de habitação, hábitos de consumo (tipo de alimentação, consumo de álcool, café, drogas), hábitos de higiene, etc".

Nos termos do n.º 4, do art. 7º, da Lei n.º 67/98, de 26.10, o tratamento[57] dos dados referentes à saúde e à vida sexual, incluindo os dados genéticos, é permitido quando:

- necessário para efeitos de medicina preventiva, de diagnóstico médico, de prestação de cuidados médicos ou tratamentos médicos ou de gestão de serviços de saúde,[58]
- desde que o tratamento desses dados seja efetuado por um profissional de saúde obrigado a sigilo ou por outra pessoa sujeita igualmente a segredo profissional;[59]

---

[56] *Op. cit.*, p. 254.

[57] Para a LPDP (art. 3º, al. *b*)), "tratamento" (de dados pessoais) consiste em «qualquer operação ou conjunto de operações sobre dados pessoais, efetuadas com ou sem meios automatizados, tais como a recolha, o registo, a organização, a conservação, a adaptação ou alteração, a recuperação, a consulta, a utilização, a comunicação, por transmissão, por difusão ou por qualquer outra forma de colocação à disposição, com comparação ou interconexão, bem como o bloqueio, apagamento ou destruição".

[58] Nos termos da Convenção dos Direitos do Homem e da Biomedicina proíbe-se a realização de "testes preditivos de doenças genéticas ou que permitam quer a identificação do indivíduo como portador de um gene responsável por uma doença quer a deteção de uma predisposição ou de uma suscetibilidade genética a uma doença, salvo para fins médicos ou de investigação científica e sem prejuízo de um aconselhamento genético apropriado" (art. 12º).
E a CNPD (Parecer n.º 11/2004) confirma este entendimento, invocando que "os testes e as razões que estão subjacentes à sua realização – na medida em que podem levar à exclusão do candidato e à sua colocação numa situação de desemprego com base em circunstâncias ambientais que podem potenciar, não se sabe quando, determinadas patologias – são suscetíveis de gerar discriminação, colocando estas pessoas numa situação de exclusão do mercado de trabalho, facto que reputamos violador do art. 59º, nº 1 da CRP, quando confrontado com o artigo 26º, nº 3".

[59] Nos termos do art. 17º, da LPDP, "os responsáveis do tratamento de dados pessoais, bem como as pessoas que, no exercício das suas funções, tenham conhecimento dos dados pessoais tratados, ficam obrigados a sigilo profissional, mesmo após o termo das suas funções".

MANUAL DE DIREITO DA SEGURANÇA E SAÚDE NO TRABALHO

- haja notificação à CNPD, nos termos do art. 27º, da LPDP, e
- sejam garantidas medidas adequadas de segurança da informação (nos termos dos arts. 14º a 17º, da citada Lei).

Os requisitos de permissão do tratamento são, portanto, cumulativos.

Este dispositivo vem assim dar cumprimento ao art. 35º, nº 3, da CRP (*Utilização da informática*) que estabelece:

> "A informática não pode ser utilizada para tratamento de dados referentes a convicções filosóficas ou políticas, filiação partidária ou sindical, fé religiosa, vida privada e origem étnica, salvo mediante consentimento expresso do titular, autorização prevista por lei com garantias de não discriminação ou para processamento de dados estatísticos não individualmente identificáveis."

Assim, se "os serviços de medicina de trabalho se limitam a tratar os dados de identificação e a fazer a gestão das datas dos exames – sem tratar qualquer informação de saúde – bastará uma simples notificação do tratamento (cf. art. 27º, nº 1, da Lei 67/98). Pelo contrário, se o tratamento envolve a gestão de dados de saúde, hábitos de vida, de consumo ou informação caracterizada como sendo da «vida privada» do trabalhador ou da sua família, a CNPD deverá fazer um controlo prévio (cf. artigos 7º, nº 2 e 28º, nº 1, al. *a*) da Lei 67/98) e delimitar as condições em que será processada essa informação"[60].

O nº 3 do art. 7º, da LPDP, autoriza ainda o tratamento de todos os dados sensíveis referidos no nº 1 do preceito, nos casos expressamente aí consignados.

Destaca-se o disposto na segunda parte do nº 2, que permite o tratamento dos dados havendo o consentimento expresso do titular e mediante autorização da CNPD (ou disposição legal).

2. O direito à informação no Código do Trabalho

Relativamente a esta matéria, o art. 17º, do Código do Trabalho, estabelece o alcance, sentido e limites do direito de informação.

Preceitua o nº 1 que: "O empregador não pode exigir a candidato a emprego ou a trabalhador que preste informações relativas:

---

[60] AMADEU GUERRA, *op. cit.*, p. 254 e 255.

a) À sua vida privada, salvo quando estas sejam estritamente necessárias e relevantes para avaliar da respetiva aptidão no que respeita à execução do contrato de trabalho e seja fornecida por escrito a respetiva fundamentação;"

b) À sua saúde ou estado de gravidez, salvo quando particulares exigências inerentes à natureza da atividade profissional o justifiquem[61] e seja fornecida por escrito a respetiva fundamentação". Este segmento do preceito cuida dos chamados dados sensíveis (dados pessoalíssimos).

As derrogações previstas devem atender aos princípios da proporcionalidade ("estritamente") e da adequabilidade (não excessividade e não descontextualização).

Na alínea *a)*, cuida-se apenas da avaliação da aptidão funcional; na alínea *b)*, atenta-se aos dados sensíveis, que exigem uma proteção especial.

E o nº 2 declara que, "As informações previstas na alínea *b)* do número anterior são prestadas a médico, que só pode comunicar ao empregador se o trabalhador está ou não apto a desempenhar a atividade".

A atual redação aboliu, finalmente, o "salvo autorização escrita deste" (trabalhador).

No CT/2003, o Tribunal Constitucional apreciou a respetiva conformidade constitucional (Ac. nº 306/2003)[62] entendendo que o então nº 2 violava o "princípio da proibição do excesso nas restrições ao direito fundamental à reserva da intimidade da vida privada, decorrente das disposições conjugadas dos artigos 26º, nº 1 e 18º, nº 2, da CRP". Ademais, atento o caráter vago da razão invocada para invadir essa intimidade ("particulares exigências inerentes à natureza da atividade profissional").[63]

---

[61] Relativamente às particulares exigências da atividade profissional, veja-se, por ex., as profissões ligados à aeronáutica civil, ao desporto, às forças de segurança.

[62] DR, I-A, de 18.07.2003.

O Tribunal Constitucional subscreveu o teor do Acordão nº 368/2002, de 25.10 (proferido a propósito do Decreto-Lei nº 26/94, de 01.02), só considerando admissível a informação estritamente necessária, adequada e proporcionada à verificação de alterações na saúde do trabalhador e à aptidão ou inaptidão física ou psíquica do trabalhador, atendendo-se ao fim prosseguido (proteção de saúde do trabalhador ou de terceiros).

[63] Para mais desenvolvimentos, *v.* nosso *Código do Trabalho Anotado*, em co-autoria, p. 156.

O Tribunal entendeu, ao tempo, que os dados relativos à saúde e ao estado de gravidez faziam parte da intimidade da vida privada, que a intromissão era feita por testes, exames médicos e pedidos de informação, constituindo, para o candidato a emprego/trabalhador um «ónus» para angariação/manutenção do cargo, pelo que tal restrição deveria obedecer aos princípios da proibição: do excesso, do abuso, da discriminação e do arbítrio.

Da declaração do Tribunal Constitucional resultou o aditamento previsto no então nº 3, que obrigava a que a informação fosse prestada a médico, ou seja, impõe-se uma mediatização de todas as informações recebidas, e aquele apenas transmitirá ao empregador se o candidato a emprego ou o trabalhador está apto ou não para o desempenho pretendido.[64]

3. O direito confirmativo da informação

O art. 15º, do CT, consagra o direito à integridade física e moral, que reveste máxima relevância na (boa) aplicação da vigilância da saúde.

O preceito acompanha o disposto no Código Civil (art. 70º)[65] e na Constituição da República Portuguesa (art. 25º).[66]

O art. 19º, do CT, questiona agora não apenas o direito à informação conferido ao empregador (art. 17º, do CT), mas o direito confirmativo da informação prestada.[67]

A primeira parte do nº 1 do art. 19º, do CT, indica que existe (ou pode existir) tratamento próprio sobre esta matéria na "legislação relativa a segurança e saúde no trabalho".

A segunda parte do mesmo número, preceitua que o empregador não pode exigir a candidato a emprego ou a trabalhador a realização ou apresentação de testes ou exames médicos, de qualquer natureza, para comprovação das condições físicas ou psíquicas, salvo quando estes tenham por finalidade a proteção e segurança do trabalhador ou de terceiros (em parti-

---

[64] De atender ainda, ao âmbito penal, que considera crime a devassa da vida privada (art. 192º do CP).

[65] Que dispõe no nº 1: "A lei protege os indivíduos contra qualquer ofensa ilícita ou ameaça de ofensa à sua personalidade física ou moral."

[66] Segundo o qual:
"1. A integridade moral e física das pessoas é inviolável.
2. Ninguém pode ser submetido a tortura, nem a tratos ou penas cruéis, degradantes ou desumanas".

[67] Através da realização de testes e exames médicos.

cular, testes de despistagem de consumo de álcool ou droga[68]), ou quando particulares exigências inerentes à atividade o justifiquem, devendo em qualquer caso ser fornecida por escrito ao candidato a emprego ou trabalhador a respetiva fundamentação.

A fundamentação pedida para a realização ou apresentação de testes ou exames médicos visa permitir o consentimento informado do trabalhador ou candidato.

Este só é eficaz estando o trabalhador ou candidato esclarecido sobre a finalidade e o alcance do exame ou teste médico pedido.

O nº 2 do preceito impõe uma reserva absoluta à gravidez: em circunstância alguma, pode o empregador, exigir à candidata a emprego ou à trabalhadora a realização ou apresentação de testes ou exames de gravidez.

O nº 3 do mesmo dispositivo garante que: "O médico responsável pelos testes e exames médicos só pode comunicar ao empregador se o trabalhador está ou não apto para desempenhar a atividade".

Também, neste preceito, se retirou a indicação "salvo autorização escrita deste"[69]. O que dizíamos aquando do CT/2003, ou seja, que o consentimento informado, que nos termos legais deve ser livre, ficaria ou poderia ficar, naturalmente, condicionado, hoje já não reveste interesse. Concedia-se ao trabalhador a auto-disponibilidade de um direito, até então, estritamente salvaguardado, e que facilmente podia ser subvertido contra ele próprio[70], para além de colidir com o disposto no art. 81º do Código Civil, que disponha que:

> *"Toda a limitação voluntária ao exercício dos direitos de personalidade é nula, se for contrária aos princípios da ordem pública."*

Ainda não se entendia o posicionamento do médico, face à respetiva ética profissional, perante esta informação triangular consentida (que não era mediatizada). Ou seja, a lei consentia, que quebrando o sigilo médico,

---

[68] Atendendo a que pode estar em causa a privação permanente ou acidental do uso da razão do sinistrado, facto relevante para a exclusão de responsabilidade do empregador (art. 14º, nº 1, *c*) da Lei nº 98/2009, de 04.09).

[69] Reportando-nos aos testes genéticos, no emprego, o art. 13º, nº 2 da Lei de Informação Genética dispõe que:

"Às empresas e outras entidades patronais não é permitido exigir aos seus trabalhadores, mesmo que com o seu consentimento, a realização de testes genéticos ou a divulgação de resultados previamente obtidos."

[70] V. nosso *Código do Trabalho Anotado*, p. 161, sobre a falta de paridade das partes na relação laboral.

MANUAL DE DIREITO DA SEGURANÇA E SAÚDE NO TRABALHO

este comunicasse ao empregador não o resultado do diagnóstico, mas o diagnóstico em si. O empregador, não era, no entanto, o titular dos dados e recebe-os por via de uma autorização do respetivo titular.

O artigo 3º do Código Deontológico dos Médicos (Independência dos médicos), dispõe que:

> "1. O médico, no exercício da sua profissão, é técnica e deontologicamente independente e responsável pelos seus atos.
> 2. Em caso algum o médico pode ser subordinado à orientação técnica e deontológica de estranhos à profissão médica no exercício das funções clínicas".[71]

Ainda, há que atender ao preceituado nos termos do art. 195º, do Código Penal, que considera crime, *a revelação, sem consentimento (do titular), de segredo alheio de que se tenha tomado conhecimento em razão do respetivo estado, ofício, emprego, profissão ou arte.*[72]

Não seria de aplicar, no entanto, esta sanção, havendo autorização do candidato a emprego ou trabalhador.

Ou seja, o consentimento do titular dos dados pessoais (candidato a emprego ou trabalhador) exclui qualquer censura civil ou criminal, enquadrando o "regime do consentimento-justificante e de acordo-que-exclui-a--tipicidade."[73] Contanto, que "ele seja proferido com a representação correta do seu sentido e alcance, *sc.*, com o conhecimento daquilo em que se consente, em relação a quem, etc.."[74]

4. A posição da Organização Internacional de Trabalho

Segundo a Organização Internacional de Trabalho[75] analisando a proteção de dados dos trabalhadores:

---

[71] A Lei nº 12/2005, de 26.01 (Informação genética) determina que: "A existência de vínculo laboral ou outro entre o médico ou outro profissional de saúde e qualquer atividade, incluindo companhias de seguros, entidades profissionais ou fornecedores de quaisquer bens ou serviços, não justifica qualquer diminuição aos deveres de segredo que sobre aqueles impedem" (art. 6º, nº 8).

[72] Com sujeição a pena de prisão até 1 ano ou com pena de multa até 240 dias.

[73] Nas palavras de MANUEL DA COSTA ANDRADE, *Direito Penal Médico – sida: testes arbitrários, confidencialidade e segredo*, Coimbra Editora, 2004, p. 19.

[74] Enuncia o mesmo Autor, a p. 202.

[75] Na reunião de peritos, realizada em Genebra, em 1996, de acordo com a informação contida na Autorização nº 59/97, da CNPD, www.cnpd.pt/actos.

"Os empregadores não devem recolher dados pessoais sobre «vida sexual, ideias políticas, religiosas e antecedentes penais» (ponto 6.5.1);

Só em circunstâncias excecionais – quando estejam numa relação direta com a decisão em matéria de emprego e se cumpram as disposições da lei nacional – se podem recolher esses dados (ponto 6.5.2);

A recolha de dados de saúde só será admitida quando necessária para «determinar se o trabalhador pode ocupar um posto de trabalho específico, para cumprir os requisitos em matéria de saúde e segurança no trabalho ou para determinar o direito a prestações sociais»".

O direito à privacidade não é, no entanto, um direito absoluto, e a auto--determinação pessoal pode ser limitada ou condicionada se estiver em causa a proteção da saúde pública ou a segurança dos trabalhadores, colegas e terceiros (*v.g.*, pilotos, pessoal de bordo ou controladores de tráfego aéreo).

5. A posição da Comissão Europeia dos Direitos do Homem

A Comissão Europeia dos Direitos do Homem considerou admissíveis os exames obrigatórios de despistagem da tuberculose, como a prova da tuberculina e as radiografias ao tórax, por razões de saúde pública, bem como a sujeição obrigatória de um notário a exame psiquiátrico, tendo em conta o interesse geral, face ao relevo dos atos notariais; e ainda a entrega obrigatória de urina para análise de despistagem de consumo de drogas, por parte de reclusos, considerando o interesse na prevenção criminal.[76]

6. A posição do Conselho da Europa

A Convenção nº 108, do Conselho da Europa, de 28 de janeiro de 1981, para a proteção das pessoas relativamente ao tratamento automatizado de dados de caráter pessoal, define dados de caráter pessoal, como qualquer informação relativa a uma pessoa singular identificada ou suscetível de identificação («titular dos dados»), segundo o art. 2º.

Ainda, os dados de caráter pessoal que sejam objeto de um tratamento automatizado devem ser:

a) Obtidos e tratados de forma leal e lícita;

---

[76] Retirado do Ac. TC nº 368/2002, já citado.

MANUAL DE DIREITO DA SEGURANÇA E SAÚDE NO TRABALHO

b) Registados para finalidades determinadas e legítimas, não podendo ser utilizados de modo incompatível com essas finalidades;

c) Adequados, pertinentes e não excessivos em relação às finalidades para as quais foram registados:

d) Exatos e, se necessário, atualizados;

e) Conservados de forma que permitam a identificação das pessoas a que respeitam por um período que não exceda o tempo necessário às finalidades determinantes do seu registo (artigo 5º).

Estes princípios foram seguidos na Lei de Proteção de Dados Pessoais e na Lei nº 81/2009, de 21 de agosto, que instituiu um sistema de vigilância em saúde pública, que identifica situações de risco, recolhe, atualiza, analisa e divulga os dados relativos a doenças transmissíveis e outros riscos em saúde pública, bem como prepara planos de contingência face a situações de emergência ou tão graves como de calamidade pública.

Quanto à realização de testes de HIV, a Recomendação do Conselho da Europa R(89), propõe que a recolha e utilização dos dados pessoais deveria ser limitada aos dados pertinentes para fins de emprego.

Relativamente às medidas de controlo sanitário, restrição de movimentos e isolamento de portadores, não deveriam ser obrigatórias, e, ainda, seriam de evitar pelo seu potencial discriminatório, no que concerne, especialmente, ao âmbito escolar, laboral ou de habitação.

7. A posição da Comissão Nacional de Proteção de Dados

A Comissão Nacional de Proteção de Dados[77] não autorizou "o tratamento automatizado da informação sobre: a «vida sexual» e «hábitos sexuais», «dados familiares» (só em relação à informação específica sobre «relações familiares», «preocupações frequentes a nível familiar», «propostas de resolução/alternativas»), «hábitos de vida» (informação sobre "doenças sexualmente transmissíveis" – descritivo da afeção (HIV/SIDA)[78] e "estado evo-

---

[77] Na Autorização nº 59/97, no sítio citado.

[78] O HIV – Vírus da Imunodeficiência Humana (*Human Immunodeficiency Vírus*), enfraquece o sistema imunológico do corpo, causando, por fim, a SIDA (ou AIDS, *Acquired Immune Deficiency Syndrome*), caracterizada por um conjunto de condições clínicas, relacionadas com o aparecimento de infeções oportunistas e alguns tipos de cancro. A transmissão do VIH, ocorre através de sangue (a partilha de agulhas, seringas, e outros objetos contaminados pelo VIH entre os toxicodependentes que usam drogas injetáveis é a causa mais corrente de transmissão por esta via. Não devem ser ainda partilhados objetos

lutivo" – e "higiene corporal": periodicidade dos banhos e da lavagem dos dentes.

"O registo automatizado dos resultados dos testes de HIV/SIDA, para efeitos laborais – numa altura em que se reconhece que não se justifica a realização generalizada de exames, se recomenda o anonimato e se potenciam riscos de discriminação no local de trabalho – deve ser proibido em absoluto por esses dados integrarem o conceito de «vida privada» na aceção do art. 35º, nº 3, da Constituição da República."[79]

O *screening*, nomeadamente, perguntas sobre testes já realizados e medicação, de HIV/SIDA não deve ser exigido ao candidato a emprego ou ao trabalhador.

Admite-se a possibilidade de tratamento automatizado da informação sobre "consumo de álcool" ou de "estupefacientes" quando, em termos de direito laboral, essa informação seja recolhida pelo médico de forma lícita e não enganosa (*v.g.*, com o consentimento do trabalhador) e para as categorias em que haja fundada justificação para esse tratamento.[80] O acesso a esta informação deve ser limitada ao médico.

---

cortantes onde exista sangue de uma pessoa infetada, mesmo já seco, é o caso das lâminas de barbear, *piercings*, instrumentos de tatuagem e de furar as orelhas e alguns utensílios de manicura) de secreções sexuais (sempre que exista uma relação sexual com penetração – vaginal, anal ou oral – sem preservativo) e da mãe infetada para o filho (através do leite, ao durante a gravidez, através do seu próprio sangue ou durante o parto, através do sangue ou secreções vaginais). Para mais desenvolvimentos, v. http://www.sida.pt/registos. A CNPD, no Parecer nº 17/95, de 21.11, entendeu que "relativamente a doentes portadores do HIV e toxicodependentes, porque sujeitos a tratamento médico especial, justificar-se-á que tais doentes sejam objeto de um registo informático especial, com acesso restrito à informação, limitada ao médico respetivo, por este passando também qualquer outro acesso à mesma, ou então, se se julgar conveniente, registando-se tão só ser um «doente de risco», ou outra expressão equivalente."

[79] Segundo Autorização nº 59/97, da CPDP, www.cnpd.pt/actos.

[80] Na Autorização nº 479/2003, a CNPD autorizou que integrado no denominado Programa Solidariedade (que pretende tratar a informação pertinente com vista ao «controlo do abuso de álcool e consumo de drogas no meio laboral») à AIP/CCI (Associação Industrial Portuguesa/Câmara de Comércio e Indústria) fosse consentido o tratamento de dados pessoais visando o bem estar bio-psico-social dos seus trabalhadores. O objetivo do Programa é o de "sistematizar os procedimentos e atuações sobre o consumo de tóxicos psicoativos (álcool e droga), a fim de uniformizar os procedimentos de atuação

MANUAL DE DIREITO DA SEGURANÇA E SAÚDE NO TRABALHO

No que respeita à alcoolemia, a regra é a de não autorizar o respetivo tratamento automatizado, de forma não individualizada (ou seja, atingindo todo o universo de trabalhadores) e detalhada, permitindo estabelecer assim *perfis de consumo*, atendendo ao potencial discriminatório de tal tratamento.[81]

Mais tarde, na Deliberação nº 890/2010, aplicável aos tratamentos de dados pessoais com a finalidade de medicina preventiva e curativa no âmbito dos controlos de substâncias psicoativas efetuados a trabalhadores, a CNPD deliberou que o tratamento de dados em causa, devem obedecer aos seguintes pressupostos:

a) Que o âmbito de aplicação seja restrito às categorias de trabalhadores cuja atividade possa pôr em perigo a sua integridade física ou de terceiros, desde que concretamente justificadas em nome de razões ponderosas de interesse público relevante ou que estejam em conflito com outros direitos constitucionalmente consagrados;

b) Que o tratamento de dados esteja enquadrado em programa de saúde ocupacional com caráter de medicina preventiva e curativa; e

c) Que seja elaborado regulamento para o efeito, de acordo com as orientações constantes nas "Linhas Orientadoras para a Intervenção em Meio Laboral" (IDT/ACT) já referidas, onde tenha sido assegurada a participação dos representantes dos trabalhadores.[82]

Sobre os dados relativos ao nome e profissão do cônjuge, número de filhos e idades, situação de contribuinte, incluindo a existência de dependentes ou de cônjuge, deficientes, e referências da conta bancária, serão excessivos quando está em causa a admissão a um emprego.[83] Já serão adequados para o trabalhador que tenha uma relação laboral estabelecida.

---

nesta matéria, bem como no apoio a situações capazes de afetar o normal comportamento profissional dos trabalhadores."

[81] A Autorização nº 893/2005, admite apenas que seja feita uma «mera anotação» do historial do consumo (uma referência genérica/não consome), na sequência de informação do trabalhador.

[82] Disponível em http://www.cnpd.pt/bin/orientacoes/20_890_2010.pdf

[83] Deliberação nº 32/98, de 13.05, http://cnpd.pt/actos.

8. A posição do Conselho Nacional de Ética para as Ciências da Vida

i) Quanto ao património genético

O Conselho Nacional de Ética para as Ciências da Vida, pronunciou-se no Parecer 43/CNEV[84], sobre o projeto de Lei nº 28/X, de 23 de maio de 2002, sobre informação genética pessoal e informação de saúde.

Preliminarmente, o Conselho procedeu a algumas definições, necessárias ao enquadramento jurídico do tema:

Genoma humano: Património genético de um ser humano, identificando-o com a espécie a que pertence,

Identidade pessoal: Refere-se, neste contexto, à complexa inter-relação entre o património genético individual,

Identidade genética – influências ambientais, entre as quais se enquadram a educação, o ambiente familiar e social, a cultura, e outros fatores determinantes para o desenvolvimento integral da pessoa,

Informação genética: Informação sobre características hereditárias de um (ou mais) indivíduos obtida por análise de ácidos nucleicos ou por qualquer outro método científico,

Teste genético: Procedimento para detetar a presença, ausência ou alteração de um gene ou de um cromossoma, incluindo um teste indireto para metabolitos específicos;

Rastreio genético: Testes genéticos em larga escalam oferecidos num programa específico a uma determinada população ou segmento populacional pretendendo detetar características genéticas,

Privacidade individual: No plano ético, está em causa a proteção da liberdade individual, delimitando uma zona da vida pessoal virtualmente inacessível a qualquer intromissão externa.

Na apreciação legislativa que realiza, o CNECV considera fundamental, do ponto de vista ético, que sejam explícitos os *princípios do primado da pessoa e procura do bem-estar humano*; os *princípios do respeito pela autonomia* (de que decorre o devido consentimento informado e livremente dado e esclarecido e adequado aconselhamento); *da equidade no acesso a cuidados de saúde*; o *respeito pela confidencialidade e privacidade* (implicando a proteção da informação, o sigilo profissional, a reserva da vida privada, e a segurança dos meios,

---

[84] Disponível em http://www.cnecv.pt/admin/files/data/docs/1273057219_P043_Proj-Lei28IX_InfoGeneticaPessoala.pdf.

recursos e equipamentos); bem como a *não-discriminação e não-estigmatização*. Por outro lado, a segurança e qualidade dos serviços e dos procedimentos assumem-se igualmente como dimensões éticas a ter em conta.

Estas preocupações foram atendidas na Lei nº 12/2005, de 26 de janeiro, que regula a informação genética pessoal e informação de saúde.

ii) Quanto à execução do teste de deteção do VIH

Ainda hoje o Relatório-Parecer (16/CNECV/96), sobre a obrigatorie-dade dos testes da SIDA constitui um pilar e uma referência na análise da legitimidade de tratamento destes dados.

Abordando as várias questões levantadas pela SIDA, nomeadamente "o possível conflito entre a proteção dos direitos dos infetados e doentes e a necessária proteção da saúde pública e dos direitos dos outros cidadãos", refere o Conselho que "Os trabalhadores atingidos pela SIDA deverão ser tratados numa base idêntica à dos trabalhadores atingidos por outras doen-ças graves que afetam o desempenho da sua função. Quando a condição física desses trabalhadores se deteriorar, convirá proceder, se possível, à reorgani-zação dos locais e dos horários, a fim de lhes permitir continuar a trabalhar durante o maior período de tempo possível.

Há, no entanto, empregos que, pela sua natureza, podem exigir o teste de HIV:

Aqueles que implicam a manipulação de líquidos biológicos a ser admi-nistrados a pacientes, podendo induzir a contaminação/transmissão. Sem ser uma profissão, deve ter-se em conta que um dador de sangue ou um dador de esperma, bem como um dador de órgãos não pode estar infetado, pelo que o teste é necessariamente exigido. Para além destes casos, parece dever aplicar-se o senso comum que está consagrado em algumas orienta-ções de organismos internacionais. Diz o Conselho Económico e Social da ONU: "poderá ser legítimo restringir a liberdade individual, se tal for neces-sário, para proteger o bem estar e a saúde pública". Não é uma discriminação arbitrária, mas referida a uma situação concreta da atividade específica. Não pode considerar-se discriminatório obrigar ao rastreio de anticorpos, HIV, tipos 1 e 2, em todos os dadores potenciais de tecidos e órgãos, já que a doa-ção é voluntária.

Há porém alguns casos que merecem especial atenção:

- os médicos se são seropositivos por HIV ou doentes de SIDA, pelo alto risco de transmitir a outros os vírus de HIV, através do sangue no

O DIREITO DE SEGURANÇA NO TRABALHO E OS DIREITOS DE PERSONALIDADE DO TRABALHADOR

exercício da especialidade, têm o dever de renunciar à especialidade e quedar-se por outras artes com menor risco;

- as grávidas deverão ser aconselhadas, quando tenham razão para isso, a fazer despistagem da seropositividade por HIV ou mesmo da doença da SIDA. Todos estão de acordo em afirmar o maior interesse em uma despistagem precoce da infeção por VIH. Deve mesmo propor-se esta prática a todas as mulheres grávidas. Os Conselhos de Ética, porém, consideram que não há motivo para tornar esta despistagem obrigatória, inscrevendo o teste nos exames pré-natais exigidos por decreto. E isto por duas razões: atendendo à responsabilidade particular do médico quanto a este ato de prevenção e às dificuldades inerentes à sua missão, o médico pode conduzir a grávida a aceitar este teste sem que ele se torne obrigatório; por outro lado, tem de atender-se aos receios que as grávidas teriam perante posições oficiais demasiado rígidas, acabando por recusar o teste apenas pelo medo que a obrigação lhes provocaria. Se os médicos podem desenvolver uma ação profilática eficaz, não se justifica a instituição de uma despistagem obrigatória;
- Finalmente, no caso dos dadores de sangue, dos dadores de esperma e dos dadores de tecidos e órgãos, impõe-se que o teste seja obrigatório. Um seropositivo ou um doente de SIDA não pode ser dador, em qualquer destes casos".[85]

Relativamente às grávidas, sobretudo as que pela sua história clínica (por exemplo de prostituição ou de toxicodependência), se revelam de alto risco e com probabilidade de terem sido infetadas pelo vírus HIV, o teste deve também ser exigível.

Nesse mesmo Parecer, o CNECV estabeleceu os seguintes parâmetros de atuação, considerando ilícita:

- a obrigatoriedade de promoção de rastreios obrigatórios para deteção da doença, registos obrigatórios de casos suspeitos ou divulgação obrigatória dos resultados individualizados dos testes;
- a estipulação ou realização de análises compulsivas e tratamentos, hospitalizações ou isolamentos forçados;
- o estabelecimento de limites à liberdade de circulação de pessoas;

[85] Disponível em http://www.cnecv.pt/admin/files/data/docs/1273059239_P016_SIDA. pdf.

- a organização de programas de esterilização para os afetados pelo HIV;
- a imposição de limites legais ou factuais à relação de trabalho, por força da afeção detetada ou na condição de esta não se verificar;
- a determinação de situações de isolamento, para os doentes de SIDA, nas prisões, para as crianças seropositivas, nas escolas, para trabalhadores, nos seus lugares de emprego.[86]

Conclui AMADEU GUERRA[87] que: "Deve considerar-se assente a ideia de que, na generalidade das atividades profissionais, não há qualquer problema ou risco para terceiros, na medida em que, como é pacífico e está reconhecido cientificamente, o risco de contaminação de HIV decorre de fatores sanguíneos e sexuais.

Por isso, concordamos com Paula Lourenço quando, fazendo apelo ao grau de conhecimento que a medicina vai tendo sobre a forma de transmissão do vírus da SIDA, admite a realização de exames ao trabalhador em «atividades de risco», em particular nas «profissões médico-sanitárias» (Médico, paramédico e enfermeiro), nas atividades que impliquem qualquer tipo de contactos ou relações sexuais, e todas aquelas que impliquem a utilização de instrumentos cortantes ou corto-perfurantes, que possam causar ferimentos ou hemorragias".

Mais tarde, o Conselho refletiu sobre a determinação da licitude de efetuar o rastreio da infecção pelo VIH em utentes do sistema de saúde após conspurcação acidental de um profissional de saúde com produtos biológicos, que determinou a emissão do Parecer nº 49/06[88], o Conselho negou a

---

[86] Adianta ainda que são de atender aos seguintes princípios:
- nenhum indivíduo portador de HIV/SIDA poderá ser prejudicado ou discriminado em razão da sua condição de saúde;
- os portadores do vírus da imunodeficiência humana têm direito à imagem e ao anonimato;
- os portadores de HIV/SIDA têm direito ao trabalho e ao emprego adaptados ao seu estado de saúde e compatíveis com a evolução da doença;
- as pessoas com SIDA devem estar em igualdade com os outros cidadãos, no que concerne à pensão de invalidez, a partir do momento em que a sua capacidade para o trabalho seja afetada.

[87] *A privacidade no local de trabalho – as novas tecnologias e o controlo dos trabalhadores através de sistemas automatizados – umas abordagem ao Código do Trabalho*, Almedina, 2004, p. 272.

[88] Disponível http://www.cnecv.pt/admin/files/data/docs/1273054277_P049_ParecerTesteDeteccaoVIH.pdf

concessão do privilégio terapêutico, não obrigando a outro consentimento que não o livre e esclarecido.

No referido parecer, o CNECV entende que:

"É dever do utente, ao abrigo dos princípios éticos de solidariedade e de responsabilidade individual e face à possibilidade de contaminação de terceiros, consentir no teste de deteção do VIH, após um incidente de "exposição ocupacional" de um profissional de saúde.

Porém, uma pessoa capaz de consentir ("competente") pode recusar a execução do teste, não havendo legitimidade para o efetuar compulsivamente.

Esta problemática poderia ser afastada em situações de risco de transmissão se tivessem sido realizados como requisito prévio à intervenção do profissional de saúde testes de rastreio de doenças infecciosas.

Como também não se suscitaria se fosse presumido o consentimento do doente para o rastreio do VIH; não há porém regra vigente neste sentido.

Neste contexto não pode ser invocado o privilégio terapêutico, uma vez que o objetivo da realização do teste não é o interesse do utente, mas sim a proteção do profissional de saúde.

Em consequência, deve ser obtido, nos termos gerais, o *consentimento livre e esclarecido* do utente para a realização do teste de deteção do VIH.

No caso de o utente recusar a execução do teste é especialmente recomendável reforçar o aconselhamento cabal quanto à decisão e suas consequências, nomeadamente para a saúde do profissional e das pessoas com quem este contacte.

Sobre o consentimento livre e esclarecido *v.* o segredo médico, o Conselho pronunciou-se no Parecer (sobre sigilo médico), nº 32/CNECV/2000[89], sendo o factualismo o seguinte:

Um doente, assistido num Centro de Atendimento a Toxicodependentes, é seropositivo para o vírus HIV mas, apesar de para isso instado, nunca informou a sua mulher dessa seropositividade e mantém com ela relações sexuais não protegidas.

Perante os perigos decorrentes dessa situação, a médica assistente depara-se com o conflito entre dois deveres: o da defesa da privacidade do seu doente através do sigilo médico e, por outro lado, o da proteção da saúde e vida da mulher do seu paciente e dos eventuais filhos do casal.

---

[89] Disponível em ttp://www.cnecv.pt/admin/files/data/docs/1273057546_P032_SigiloMedico.pdf

MANUAL DE DIREITO DA SEGURANÇA E SAÚDE NO TRABALHO

O Conselho entendeu que a médica assistente deve continuar a envidar todos os esforços para rapidamente persuadir o seu doente da obrigação grave que sobre ele impende de comunicar à sua mulher a seropositividade que apresenta e os riscos da sua transmissão. Se necessário, deverá mesmo explicar-lhe que, nestas circunstâncias específicas de perigo próximo para a saúde e vida de terceiros, as normas éticas de respeito pela legitimidade e pela vida desses terceiros justificam a comunicação em causa.

Se, mesmo assim, não conseguir persuadir o seu doente, a médica deve informá-lo que irá cumprir a sua obrigação de comunicar à mulher a seropositividade do seu marido e os riscos da sua transmissão, o que não pressupõe, neste caso, quebra do sigilo médico.

Esta comunicação é indispensável para que a mulher do doente possa fazer os testes de diagnóstico e iniciar tratamento, caso já tenha sido infetada.

Concluiu-se que o segredo médico pode ceder perante interesses de terceiros, considerados superiores. Mas, pede-se, preliminarmente, que a devassa seja espontânea e voluntária por parte do paciente, e só, em último recurso, atentos tais valores superiores, o médico terá legitimidade para violar o segredo médico perante terceiros.

Relativamente à quebra de segredo médico mediante autorização do respetivo paciente, tal é, como vimos, hoje negado pela redação do art. 17º, nº 2, do CT (ao contrário da versão do CT/2003).

Mas, tendo em conta as indiscutíveis e significativas repercussões sociais das doenças profissionais e dos acidentes de trabalho – podendo estes ser inclusivamente provocados pela inadequação ao posto de trabalho, em função do estado de saúde do trabalhador – não repugna igualmente admitir que o legislador, tendo em conta as mesmas disposições constitucionais dos artigos 59º nº 1 alínea *c*) e 64º nº 1, imponha a realização de um exame de saúde com caráter periódico. E isto até porque, devendo a entidade patronal propiciar ao trabalhador a efetivação de um tal exame, se o trabalhador pudesse livremente a ele se eximir, não ficaria assegurado que uma tal renúncia se não ficasse a dever a sugestão, influência ou pressão da própria entidade patronal, ou seja, situações análogas àquelas a que precisamente se pretende obviar com as disposições imperativas no domínio da legislação do trabalho.

Agora o que, também nesta perspetiva, inequivocamente se exige é que esse exame se contenha no estritamente necessário, adequado e proporcionado à verificação de alterações na saúde do trabalhador causadas pelo exercício da sua atividade profissional e à determinação da aptidão ou inaptidão física ou psíquica do trabalhador para o exercício das funções à correspondente categoria profissional, para defesa da sua própria saúde. Ou seja, é constitucionalmente imposto que o exame de saúde obrigatório se adeque, com precisão, ao fim prosseguido (*V.* Acordão nº 368/02, Proc. nº 577/98[90]).

9. A posição do Tribunal Constitucional

Relativamente à constitucionalidade dos testes de alcoolemia efetuados a condutores de veículos, entendeu o Tribunal Constitucional que:[91]

"O direito à reserva da intimidade da vida privada – que é o direito de cada um ver protegido o espaço interior da pessoa ou do seu lar contra intromissões alheias; o direito a uma esfera própria inviolável, onde ninguém deve poder penetrar sem autorização do respetivo titular (...)[92] – acaba, naturalmente, por ser atingido pelo exame em causa. No entanto, a norma *sub judicio* não viola o artigo 26º, nº 1, da Constituição, que o consagra.

De facto, não se trata, com o teste da pesquisa de álcool, de devassar os hábitos da pessoa do condutor no tocante à ingestão de bebidas alcoólicas, sim e tão-só (recorda-se) de recolher prova perecível e de prevenir a violação de bens jurídicos valiosos (entre outros, a vida e a integridade física), que uma condução sob a influência do álcool pode causar – o que, há-de convir-se, tem relevo bastante para justificar, constitucionalmente, esta constrição do direito à intimidade do condutor."[93]

E mais adiante: "Assim, no âmbito das relações laborais, tem-se por certo que o direito à proteção da saúde, a todos reconhecido no artigo 64º, nº 1, da Constituição, bem como o dever de defender e promover a saúde, consignado no mesmo preceito constitucional, não podem deixar de credenciar suficientemente a obrigação para o trabalhador de se sujeitar, desde logo, aos exames médicos necessários e adequados para assegurar – tendo em conta a natureza e o modo de prestação do trabalho e sem-

---

[90] Disponível em http://www.cnpd.pt/bin/legis/juris/TC368-02-saudetrab.HTM

[91] Acordão nº 319/1995, Acordãos do Tribunal Constitucional, 31º vol., p. 501.

[92] O Acordão em citação remete para o Ac. n. 128/92.

[93] Conclui o Acordão que esse entendimento acompanha o proferido no Ac. nº 616/98 (Acordãos do Tribunal Constitucional, 41º vol., págs. 263 e segs.) "onde se considerou que, embora se devesse concluir que, nas ações de investigação de paternidade, existia um constrangimento do réu a submeter-se aos exames de sangue, tendo em conta os efeitos processuais de uma eventual recusa, mesmo assim tal constrangimento deveria ser tido como constitucionalmente admissível, quando confrontado e balanceado com os outros direitos fundamentais em presença".

pre dentro de critérios de razoabilidade – que ele não representa um risco para terceiros; por exemplo, para minimizar os riscos de acidentes de trabalho de que outros trabalhadores ou o público possam vir a ser vítimas, em função de deficiente prestação por motivo de doença no exercício de uma atividade perigosa; ou para evitar situações de contágio para os restantes trabalhadores ou para terceiros, propiciadas pelo exercício da atividade profissional do trabalhador".

10. A proteção do património genético

Os dados genéticos fazem parte dos chamados dados sensíveis. Constituem o «núcleo duro da intimidade», a denominada *intimidade biológica*.[94]

Segundo a Recomendação R (97), do Conselho da Europa, os dados genéticos dizem respeito a características hereditárias dos indivíduos que constituem património de um grupo de indivíduos.

A Comissão Nacional de Proteção de Dados[95] considerou-os como um tipo especial de saúde, pela sua potencial ou efetiva capacidade para aferir do estado (de saúde) do titular, permitindo identificar fatores de risco.

Esclarece CATARINA SARMENTO E CASTRO,[96] "Note-se, todavia, que se os dados genéticos podem, em certos casos, ser considerados dados de saúde, nem sempre o são: se um gene revela a cor de cabelo não pode dizer--se que revele dados de saúde. O mesmo se diga de outros dados genéticos que revelam características hereditárias."

A Lei nº 12/2005, de 26 de janeiro, sobre informação genética pessoal e informação de saúde, define informação genética[97] como a "informação de saúde que verse as características hereditárias de uma ou de várias pessoas, aparentadas entre si ou com características comuns daquele tipo, excluindo-se desta definição a informação derivada de testes de parentesco ou estudos de zigótia em gémeos, dos estudos de identificação genética para fins criminais, bem como do estudo das mutações genéticas somáticas no cancro" (art. 6º, nº 1).

---

[94] "Estes dados podem demonstrar, *v.g.*, se duas pessoas são ou não da mesma família, podem revelar a presença ou ausência de uma característica num indivíduo, assim como a presença ou ausência do risco/probabilidade de doença", CATARINA SARMENTO E CASTRO, *Direito da informática*, p. 94.

[95] Autorização nº 9/2000.

[96] *Direito da informática...*, p. 94.

[97] Regulamentada pelo Decreto-Lei nº 131/2014, de 29 de agosto.

Sobre testes genéticos no emprego, a lei clarifica que a contratação de novos trabalhadores não pode depender de seleção assente no pedido, realização ou resultados prévios de testes genéticos (art. 13º, nº 1)

Não podendo o empregador exigir aos seus trabalhadores, mesmo que com o seu consentimento, a realização de testes genéticos ou a divulgação de resultados previamente obtidos (nº 2).

Nos casos em que o ambiente de trabalho possa colocar riscos específicos para um trabalhador com uma dada doença ou suscetibilidade, ou afetar a sua capacidade de desempenhar com segurança uma tarefa, pode ser usada a informação genética relevante para benefício do trabalhador e nunca em seu prejuízo (nº 3).

O art. 24º, nº 1, do CT, preceitua que todos os trabalhadores ou candidatos a emprego têm direito à igualdade de oportunidades e de tratamento, nomeadamente, quanto ao património genético (nº 1).

O art. 25º, nº 1, do CT, confirma esse princípio geral, mas o nº 2 do mesmo preceito concede uma importante derrogação.

Assim, legitima o comportamento discriminatório do empregador, em virtude da natureza das atividades profissionais em causa ou do contexto da sua execução (profissões de grande stress, de maior fadiga física e mental, propícias a depressões e frustração do trabalhador), desde que essa prática constitua um requisito justificável, proporcional e determinante para o exercício da atividade profissional e o objetivo legítimo. Permite-se portanto uma clara violação do princípio da igualdade em função de finalidade de eficiência e rentabilidade empresariais (o trabalhador menos propenso a certo tipo de desgaste físico e/ou mental, faltará menos; uma eventual situação de incapacidade para o trabalho não se manifesta precocemente, com o inerente prejuízo em recrutar e formar novo trabalhador).[98]

Por outro lado, há quem entenda o direito ao conhecimento genético como do interesse do próprio trabalhador (como um dever de conhecimento), para fins de prevenção e prestação de cuidados na saúde.

Ainda, e segundo o Conselho Nacional de Ética para as Ciências da Vida[99] os testes genéticos apenas deveriam ser "solicitados ou por um

---

[98] Nosso *Código do Trabalho Anotado*, p. 186.

[99] Relatório/Parecer 43/2004.
Disponível em http://www.cnecv.pt/admin/files/data/docs/1273057219_P043_Proj-Lei28IX_InfoGeneticaPessoala.pdf

médico com a especialidade de Genética Médica, ou por outro médico com a qualificação adequada, mas sempre em consulta especializada e após aconselhamento genético apropriado."

No entanto, e sempre que o contexto do desempenho implique riscos específicos para um trabalhador com uma dada doença ou suscetibilidade, ou afetar a sua capacidade de desempenhar com segurança uma dada tarefa, pode ser usada a informação genética relevante para benefício do trabalhador e nunca em seu prejuízo, desde que tenha em vista a proteção da saúde da pessoa, a sua segurança e a dos restantes trabalhadores, que o teste genético seja efetuado após o consentimento informado e no seguimento do aconselhamento genético apropriado, que os resultados sejam entregues exclusivamente ao próprio e ainda desde que não seja nunca posta em causa a sua situação laboral (nº 3).[100]

No mesmo sentido, PAULO MOTA PINTO[101] esclarece: "A realização de testes genéticos para a conclusão de contratos de trabalho deve igualmente ser discutida. Parece-nos que apenas deverá ser admissível se interesses como o da segurança de terceiros estiverem em questão. Os testes para proteção do próprio trabalhador não nos parecem de admitir, a não ser que a relação entre os dados genéticos e a sensibilidade a certas condições de trabalho esteja estabelecida cientificamente de forma clara."

Para LEAL AMADO, "A aptidão física e psíquica do trabalhador para exercer uma dada atividade laboral terá, pois, de ser aferida (e terá de existir) no momento da contratação, não podendo ficar dependente de juízos probabilísticos sobre a sua eventual evolução futura. O risco empresarial compreende a incerteza quanto à evolução futura do estado de saúde do trabalhador, devendo o empregador assumir esse risco – o mesmo é dizer, a maior ou menor propensão para a doença não representa um critério válido de escolha empresarial."[102]

---

[100] O nº 4 prevê a seguinte exceção: "As situações particulares que impliquem riscos graves para a segurança ou a saúde pública podem constituir uma exceção ao anteriormente estipulado, observando-se no entanto a restrição imposta no número seguinte".

[101] *Op. cit.*, p. 153.

[102] *Breve apontamento sobre a incidência da revolução genética no domínio juslaboral e a Lei nº 12//2005, de 26.01*, QL, nº 25, p. 113.

Questiona-se se há um direito ou mesmo um dever de mentir por parte do trabalhador sobre a qualidade (ou não) do património genético.[103]

A auto-determinação informacional ou o direito a não saber, garante "ao indivíduo um espaço livre de decisão quanto ao que quer e não quer saber sobre si próprio, nomeadamente sobre o seu corpo e a sua saúde. E tanto no que respeita ao presente como, e sobretudo, no que concerne ao futuro" (COSTA ANDRADE).[104]

Aquilo que, adaptando a expressão de GADAMER,[105] seria o direito à *"anonimização* da doença."

11. O dever de informação do trabalhador e do candidato a emprego como emanação do dever de lealdade

O dever de lealdade gera como corolários os deveres de informação e de urbanidade. O dever de informação está presente quer na fase preliminar do contrato de trabalho (é exigível a informação e a informação correta das habilitações do trabalhador, conhecimentos linguísticos, experiência, etc.), quer durante a sua execução, aplicando-se as regras gerais do art. 227º, nº 1 CC. A viciação destes dados que estiveram presentes aquando do recrutamento e que subordinam a execução contratual ferem a validade do contrato, por vício na formação da vontade do empregador, para além de permitirem um pedido indemnizatório.

O dever de informação do candidato ou trabalhador não é, no entanto, um dever absoluto. Este dever deve ser associado ao princípio da boa-fé contratual, e em particular, ao dever de lealdade inerente a qualquer relação laboral.

Considera GUILHERME DRAY[106] que o dever de lealdade "reclama em geral que as partes não podem, *in contrahendo,* adotar comportamentos que

---

[103] LEAL AMADO fala no direito do trabalhador a uma certa «opacidade genética», seja em virtude da proibição de discriminação baseada no património genético, seja pela necessidade de preservar a liberdade pessoal do trabalhador, a sua dignidade, a sua integridade física e a sua intimidade, *Breve apontamento sobre a incidência da revolução genética no domínio juslaboral e a Lei nº 12/2005, de 26.01,* QL, nº 25, p. 113.

[104] *Direito Penal Médico – sida: testes arbitrários, confidencialidade e segredo,* Coimbra Editora, 2004, p. 23.

[105] Citado por COSTA ANDRADE, *op. cit.,* p. 23, nota 20.

[106] *Autonomia privada e igualdade na formação e execução de contratos individuais de trabalho,* Estudos do IDT, vol. I, Almedina, pp. 207 e ss.

se desviem injustificadamente da procura de um consenso final, defraudando desta forma expectativas legitimamente adquiridas."[107]

Sobre o dever de informação, e na ótica de proteção da privacidade do trabalhador recairá sobre os dados pessoais que tenham pertinência para a fase contratual ou para a execução do contrato, com respeito pelo exigido legalmente.

Apesar da trabalhadora grávida não ter o dever de informar do seu estado, em qualquer momento da gestação, se pretender exercer o direito à parentalidade, em qualquer das suas vertentes, já este dever existirá.

Os *princípios da necessidade, da conveniência* e *da adequabilidade* orientam a latitude do dever de informar.

E apenas em caso de omissão dolosa de informação contratualmente relevante, se poderia entender a ineficácia do contrato celebrado, por erro sobre as qualidades da pessoa (arts. 251º e 253º, do CC).

Sobre a abolição da emissão de atestado médico como meio de prova do cumprimento dos requisitos de robustez física, aptidão e perfil psíquico exigidos para o exercício de funções públicas ou para o exercício de atividades privadas, diz o preâmbulo do Decreto-Lei nº 242/2009, de 16 de setembro (diploma que revogou o Decreto-Lei nº 318/99, de 11 de agosto): "Não faz sentido impor indistintamente uma avaliação prévia do estado de saúde geral do candidato por um médico, devendo salvaguardar-se a obrigatoriedade de admissão de trabalhadores com deficiência ou doença crónica".

12. A questão do consentimento informado

A Lei de Proteção de Dados Pessoais define consentimento (do titular dos dados) como:

- qualquer manifestação de vontade livre (sem sujeição a coação ou represálias),
- específica (determinada para a finalidade em vista) e
- informada (segundo o dever de informação que cabe ao destinatário dos dados, exercido de boa-fé), nos termos da qual o titular aceita que os seus dados pessoais sejam objeto de tratamento (art. 3º, al. *h*)).[108]

---

[107] Exemplificações do dever de lealdade são concedidas pelo Código do Trabalho, no que concerne ao dever de não concorrência e de resguardo do segredo profissional.

[108] Explica CATARINA SARMENTO E CASTRO, *Direito da informática*, p. 207: "Apenas se poderá considerar como consentimento informado aquele que for dado havendo o titular dos dados tomado conhecimento:

O direito à autodeterminação informativa que assiste ao titular dos dados, só pode ser válido e legitimamente exercido havendo informação plena, objetiva e determinada por parte do destinatário dos mesmos.

O consentimento como condição *sine qua non* para o tratamento só é dispensado nos termos da segunda parte do art. 6º, da Lei de Proteção de Dados Pessoais (als. *a*) a *e*)).

No caso dos contratos de trabalho, o tratamento de dados pode ser realizado, havendo não consentimento tácito ou expresso (através de uma declaração de oposição) do candidato ou trabalhador sempre que esse tratamento seja necessário para a execução do contrato ou de diligências prévias à formação do mesmo (por ex., fase de recrutamento e seleção de candidatos), nos termos da al. *a*), do preceito citado. E, ainda, quando esteja em causa a prossecução de interesses legítimos do responsável pelo tratamento ou de terceiro a quem os dados sejam comunicados, desde que o interesse ou os direitos, liberdades e garantias do candidato ou trabalhador não devam prevalecer (al. *e*), do mesmo preceito).

O consentimento entender-se-á livre e informado, quando, além de não sujeito a qualquer tipo de coação, ao respetivo titular foi conferido todo o direito informativo e o tratamento dos dados assenta nos seguintes princípios fundamentais, previstos na Lei de Proteção de Dados Pessoais:

- ao titular seja inequivocamente proporcionado o direito à informação e acesso aos dados (*princípio da autodeterminação informativa*), segundo os arts. 10º e 11º;
- o tratamento seja realizado de forma lícita[109] (*princípio da licitude*) e com respeito pelo *princípio da boa fé* (art. 5º, nº 1, al. *a*));
- a recolha dos dados seja realizada para finalidades determinadas, explícitas e legítimas (*princípio da finalidade*), não admitindo trata-

---

- do caráter obrigatório ou facultativo das respostas, bem como das possíveis consequências se não responder;
- da identidade do responsável pelo tratamento dos dados (empregador) e do seu representante;
- da finalidade do tratamento;
- dos destinatários dos dados ou categorias de destinatários, em caso de comunicação de dados pessoais;
- da existência de direito de acesso e das suas condições."

[109] Com indicação, por ex., do caráter obrigatório ou facultativo das respostas e das consequências de não responder.

mento posterior incompatível com as anunciadas finalidades (*princípio da oportunidade*), nos termos do art. 5º, nº 1, al. *b*);

- os dados recebidos sejam adequados, pertinentes e não excessivos (*princípios da adequação, pertinência e proporcionalidade*) relativamente às finalidades para que são recolhidos e posteriormente tratados (art. 5º, nº 1, al. *c*));
- os dados sejam exatos e atualizados (*princípio da exatidão*) sempre que necessário (art. 5º, nº 1, al. *d*));
- o período de conservação dos dados seja realizado durante o necessário para a prossecução das finalidades de recolha ou do tratamento posterior (*princípio da atualidade*), *v.g.* recrutamento de candidatos a emprego, devendo ocorrer a respetiva destruição logo que selecionado o(s) trabalhador(es)[110] (art. 5º, nº 1, al. *e*)), salvo o disposto no nº 2.[111]

Conclui AMADEU GUERRA,[112] "«O direito ao esquecimento» assume-se como «fator de reabilitação» e apresenta-se, em alguns casos, como o único meio capaz de evitar a «estigmatização» ou a discriminação dos titulares dos dados. Há dados que são conservados para além da duração da relação de trabalho, *v.g.*, informação relativa a uma pensão complementar de reforma."

Conclui CATARINA SARMENTO E CASTRO,[113] "Após o prazo fixado os dados têm de ser apagados pelo responsável. Consequentemente, o direito ao esquecimento de que goza o titular dos dados está associado ao direito de apagamento dos dados que lhe é conferido pela alínea *d*) do nº 1 do art. 11º da Lei de Proteção de Dados."

---

[110] Assim, na nossa opinião, os *curriculum vitae* recebidos nas empresas a pedido ou espontaneamente enviados pelo candidato não deverão ser indefinidamente arquivados. Quem argumente com o interesse do candidato nessa conservação, convirá que atente no facto do próprio *c.v.* se tornar obsoleto, face à evolução académica, profissional do candidato com inerente prejuízo para a sua seleção.

Embora, ainda a nossa ver, a lei tenha por principal razão, evitar o comércio ilícito de bases de dados.

[111] Para melhores desenvolvimentos, *v.* CATARINA SARMENTO E CASTRO, *A proteção dos dados pessoais dos trabalhadores*, QL, nº 19, p. 59 e *Direito da Informática....*

[112] *Da privacidade*, p. 70 e ss.

[113] *Direito da informática*, p. 241.

A al. *d*), do nº 1, do citado art. 11º atribui ao respetivo titular direito de acesso e controlo dos dados tratados (nomeadamente, retificação, apagamento ou bloqueio de dados cujo tratamento não cumpra os requisitos legais, nomeadamente devido ao caráter incompleto ou inexato desses dados).

Na linha do que explanamos, veio a Comissão Nacional de Proteção de Dados[114] referir que "o consentimento expresso e esclarecido do trabalhador seria suscetível de retirar da «esfera privada» estes dados pessoais e, por via do art. 80º do Código Civil («natureza do caso e condição da pessoa»), deixarem de se caracterizar como fazendo parte da «vida privada».

Em sede de direito do trabalho tem-se entendido que a relação de subordinação e a posição frágil do trabalhador limitam a liberdade de consentimento. Essa fragilização da posição do trabalhador e os perigos de discriminação aconselham a que, neste contexto, não se confira tal relevância ao consentimento."

Questiona-se ainda a relevância do consentimento presumido do candidato ou trabalhador.

A propósito da objeção ao uso de sangue e derivados para fins terapêuticos por motivos religiosos, o Conselho Nacional de Ética para as Ciências da Vida (Parecer nº 46, mais conhecido, como "O caso Testemunhas de Jeová")[115] considerou o consentimento presumido como meramente indicativo, não declarativo.[116]

Para COSTA ANDRADE,[117] o direito à informação assenta numa tríplice direção: em primeiro lugar, "na direção de terceiros como barreira ao seu acesso à informação" (*direito de exclusão de terceiros*); em segundo lugar,

---

[114] Autorização nº 59/97, no sítio citado.

[115] Esta confissão religiosa "opõe-se, com fundamento na sua interpretação da Bíblia, a que os seus praticantes recebam tratamentos de que façam parte o sangue total e hemoderivados", *in* http://www.cnecv.
V. ainda da mesma Comissão, o Parecer sobre o estado vegetativo persistente (Parecer nº 45).

[116] Segundo a Comissão: "8. A manifestação antecipada de vontade tem apenas um valor indicativo, não dispensando a obtenção do consentimento informado que obriga a um efetivo esclarecimento quanto às consequências da recusa de tratamento.
9. Em situações de extrema urgência com risco de vida em que o paciente não possa manifestar o seu consentimento é o mesmo dispensado, prevalecendo o dever de agir decorrente do princípio da beneficiência consagrado na ética médica" (ou seja, atua o princípio do consentimento presumido do paciente, que legitima a intervenção médica).

[117] *Op. cit.*, p. 26.

"como direito ou exigência (do cliente/paciente) à informação e ao conhecimento" (*direito a saber*); em terceiro lugar e inversamente, "como defesa e resguardo contra informações indesejáveis e arbitrariamente comunicadas" (*direito a não saber*).

O direito de oposição (no tratamento de dados), previsto no art. 12º, da Lei de Proteção de Dados Pessoais, é concedido quando, por razões ponderosas e legítimas relacionadas com a situação particular do titular, este se opõe ao tratamento, manifestando portanto uma das vertentes da autotutela informativa: *o direito a não saber*.

Perante o direito a saber legalmente conferido ao destinatário dos dados, surge o direito a não saber concedido ao respetivo titular. A colisão destes dois direitos é afastada, quando o titular apresenta razões (ponderosas e legítimas) que, em concreto, o furtam licitamente ao tratamento.

13. A intervenção do médico do trabalho: promoção e vigilância na saúde

A medicina no trabalho visa a prevenção dos riscos profissionais, a promoção e a vigilância da saúde dos trabalhadores.

AMADEU GUERRA[118] apresenta a definição de vigilância da saúde como a "função de prevenção de riscos laborais à análise das condições de trabalho e dos estado de saúde dos trabalhadores com o objetivo de detetar os problemas de saúde relacionados com o trabalho e controlar os riscos derivados da execução do mesmo, fatores que podem causar um dano para a saúde do trabalhador com o fim de assegurar, posteriormente, uma planificação e adequada intervenção para fazer frente a esses problemas e riscos."

A medicina no trabalho tem, entre as suas várias atribuições, a verificação da aptidão física e psíquica do trabalhador para o exercício da profissão (vertida em ficha própria, sujeita a segredo profissional, art. 108º, do RJSST), a organização e manutenção de registos clínicos (art. 109º, do RJSST) e a promoção de melhores e mais ergonómicas práticas de trabalho.

Os serviços médicos compreendem a realização de:

- exames médicos de admissão,
- exames médicos periódicos,
- exames ocasionais,

---

[118] *Op. cit.*, p. 257, citando GARCIA SERRANO e I. PEDROSA ALQUÉZAR.

- dotação dos necessários elementos para o preenchimento da ficha de aptidão, de acordo com a Lei de Proteção de Dados Pessoais,[119]
- assistência médica,
- realização de exames complementares,
- acompanhamento médico e de avaliação psicológica e traumatológica.

13.1. A ficha de aptidão e o segredo médico

Previamente há que distinguir ficha de aptidão de ficha clínica.

A *ficha clínica* permite a anotação das observações clínicas relativas aos exames médicos (art. 109º, do RJSST) e encontra-se sujeita ao regime do segredo profissional, só podendo ser facultada às autoridades de saúde e aos médicos da ACT (nº 2).

A *ficha de aptidão* resulta da realização dos exames médicos de admissão, periódicos e ocasionais (art. 110º, do RJSST), a qual é igualmente preenchida pelo médico do trabalho, que envia uma cópia ao responsável dos recursos humanos da empresa (nº 1), não podendo conter elementos que envolvam segredo profissional (nº 3).[120]

A ficha de aptidão é dada a conhecer ao trabalhador, devendo conter a assinatura deste com a aposição da data do conhecimento (nº 4).

Sempre que a repercussão do trabalho e das condições em que o mesmo é prestado se revelar nociva para a saúde do trabalhador, o médico do trabalho deve comunicar tal facto ao responsável pelo serviço de segurança e saúde no trabalho e, bem assim, se o estado de saúde o justificar, solicitar o seu acompanhamento pelo médico assistente do centro de saúde ou outro médico indicado pelo trabalhador (nº 5).

O modelo da ficha de aptidão consta da Portaria nº 71/2015, de 10.03, a qual deve ser preenchido pelo médico do trabalho face ao exame de admissão, periódico, ocasional ou outro do trabalhador, sem prejuízo do regime simplificado estabelecido pela Portaria nº 112/2014, de 23.05 (art. 2º, nº 1).

Os resultados do exame serão:

- Apto;

---

[119] Lei nº 67/98, de 26.10, em transposição da Diretiva nº 95/46/CE, do PE e do Conselho, de 24.10.

[120] Ou seja, "não será possível inscrever diagnósticos ou qualquer informação de saúde na ficha de aptidão nem permitir que, por qualquer forma, dados de saúde sejam acessíveis a pessoas não autorizadas", segundo Autorização nº 855/2005, da CNPD.

MANUAL DE DIREITO DA SEGURANÇA E SAÚDE NO TRABALHO

- Apto condicionalmente, ou seja, não totalmente apto para o exercício de quaisquer funções;
- Inapto temporariamente;
- Inapto definitivamente.
- Outras funções que pode desempenhar.

A não comparência do trabalhador à consulta deve ser tratada à luz do art. 328º do Código do Trabalho (sanções disciplinares) e não permitir a assunção, de imediato, de uma incapacidade temporária.

Ao tempo do Decreto-Lei nº 26/94, de 01.02, foi o Tribunal Constitucional (Ac. 368/2002)[121] convidado a pronunciar-se sobre a realização deste tipo de exames (de aptidão física e psíquica). A invocada inconstitucionalidade material do diploma assentava em três pontos essenciais:

"A) A existência de «um sistema de indagação inquisitória» e «coerciva» (cf. artigo 19º) do estado global de saúde de todos os trabalhadores, criando um dever, potencialmente ilimitado, de sujeição à realização de testes ou exames médicos e levando à devassa sistemática do estado de saúde dos trabalhadores ao ponto de pretender quebrar a própria confidencialidade de dados à guarda do médico assistente, ao instituir a «cooperação necessária» deste naquela sistemática e global devassa da vida privada pelo médico do trabalho, o que implicaria, em violação do disposto no art. 18º, nºs 2 e 3 da Constituição, uma «restrição excessiva e desproporcionada» do direito à intimidade da vida privada consignado no artigo 26º da Lei Fundamental;

B) A «criação, em cada empresa, de um verdadeiro banco de dados que engloba informações extremamente precisas e vastas relativamente ao estado global de saúde de cada trabalhador – sem que se preveja outra garantia que não seja a mera proclamação da «confidencialidade» de tais dados, o que violaria o disposto no artigo 35º, nºs 1 a 7 da Constituição;

C) O facto de «os resultados dos exames e testes clínicos» serem «discricionariamente apreciados» pelo médico do trabalho e poderem «conduzir a uma verdadeira «inibição do exercício da profissão», sendo certo que não existe «qualquer mecanismo específico que permita ao trabalhador», caso pretenda reagir contra tal apreciação discricionária, «fazer valer, com celeridade e efetividade os seus

[121] DR, II Série, nº 247, de 25.10.2003, p. 17 780-791.

direitos fundamentais atingidos», o que constituiria violação do disposto no artigo 47º da Constituição."

O Tribunal entendeu que "no âmbito das relações laborais, tem-se por certo que o direito à proteção da saúde, a todos reconhecido no artigo 64º, nº 1 da Constituição, bem como o dever de defender e promover a saúde,[122] consignado no mesmo preceito constitucional, não podem deixar de credenciar suficientemente a obrigação para o trabalhador de se sujeitar, desde logo, aos exames médicos necessários e adequados para assegurar – tendo em conta a natureza e o modo de prestação do trabalho e sempre dentro de critérios de razoabilidade – que ele não representa um risco para terceiros: por exemplo, para minimizar os riscos de acidentes de trabalho de que outros trabalhadores ou o público possam vir a ser vítimas, em função de deficiente prestação por motivo de doença no exercício de uma atividade perigosa; ou para evitar situações de contágio para os restantes trabalhadores ou para terceiros, propiciadas pelo exercício da atividade profissional do trabalhador.

Impõe-se é que a obrigatoriedade dessa sujeição se não revele, pela natureza e finalidade do exame de saúde, como abusiva, discriminatória ou arbitrária."

Em conclusão, o Tribunal Constitucional declarou que os exames de saúde "estão exclusivamente direcionados ao fim de prevenção dos riscos profissionais e à prevenção de saúde dos trabalhadores", não se podendo concluir que se "tenha instituído uma sistemática e global devassa da reserva da vida privada constitucionalmente censurável," atentos os *princípios da necessidade, adequabilidade e proporcionalidade.*

Ainda, os dados pessoais a incluir na ficha clínica e na ficha de aptidão são preservados pelo segredo médico, não sendo revelados ao empregador nem usados para outra finalidade que não seja a medicina do trabalho.

Conforme entendimento do mesmo Tribunal,[123] "O médico do trabalho está vinculado, nos exames a que procede ou manda proceder, ao aludido objetivo legal (aferir da aptidão física e psíquica do trabalhador) o que implica, necessariamente, que ele se confine a um exame limitado e per-

---

[122] Não apenas como reivindicação contra terceiros, *maxime*, Estado, mas contra si próprios, se necessário.
[123] Acordão nº 368/2002, já citado.

feitamente balizado por aquele objetivo, devendo ater-se ao estritamente necessário, adequado e proporcionado à verificação de alterações na saúde do trabalhador causadas pelo exercício da sua atividade profissional e à determinação da aptidão física ou psíquica do trabalhador para o exercício das funções correspondentes à respetiva categoria profissional, bem como ao seu estado de saúde presente".

Na verdade, a lei confere um poder discricionário de avaliação ao médico do trabalho que é dispensado de fundamentar a declaração de Não Apto.

Sendo certo, que esse poder discricionário, pode ter como consequência a declaração de caducidade contratual por impossibilidade absoluta e superveniente do trabalhador para prestar trabalho (art. 343º, al. *b*), do CT) ou até para o iniciar, no caso de exame de admissão[124].

Pese embora tal, o Tribunal Constitucional entendeu que essa efetiva ou potencial inibição para o exercício da profissão, assim declarada pelo médico do trabalho, "não torna exigível qualquer meio específico de impugnação do ato médico em causa, na medida em que o parecer do médico não é vinculativo para a entidade patronal, o que significa que a afetação de eventuais direitos ou interesses dos trabalhadores sempre resultará de atos jurídicos praticados pela mesma entidade."[125]

Atos esses que, acrescentamos, resultam desse juízo médico de desconformidade para a função pretendida. E a haver fiscalização desse poder do empregador, como vai ele fundamentá-lo?

Naturalmente, instruindo-o com o parecer médico.

Por outro lado, e aparentemente é também conferido ao médico do trabalho o poder discricionário de realizar os exames e testes que entenda convenientes, em total autonomia funcional, sem que ao trabalhador seja conferido qualquer informação justificante e perante qualquer tipo de

---

[124] JOÃO PALLA LIZARDO, *op. cit.*, p. 220, questiona o papel dos organismos públicos fiscalizadoras da doença e da capacidade para o trabalho.

[125] No Acordão nº 368/2002, já citado. Em conclusão, declarou o Tribunal que "a inaptidão do trabalhador para o exercício de certa profissão ou género de trabalho por motivos relacionados com a própria saúde física ou psíquica se integra necessariamente nas restrições constitucionalmente admissíveis por serem inerentes à sua própria capacidade, não se vê que tal restrição se apresente como desproporcionada, tendo em conta a referida interpretação jurisprudencial."

desempenho laboral[126]. Entre o objetivo da medicina preditiva (que fica muito além da real capacidade da medicina curativa) no seu zelo pelo interesse do paciente e a autodeterminação informacional do mesmo abre-se um grande fosso.

Sobre a não comparência do trabalhador aos exames marcados, constitui tal comportamento um ilícito disciplinar, na parte referente ao dever de obediência, dispondo, como sanção, o estatuído no art. 328º, do CT.

Retomando a questão do Segredo Profissional, dispõe o art. 86º, nº 1, do Código Deontológico da Ordem dos Médicos que "1. O segredo médico impõe-se em todas as circunstâncias dado que resulta de um direito inalienável de todos os doentes.

2. O segredo abrange todos os factos que tenham chegado ao conhecimento do médico no exercício da sua profissão ou por causa dela e compreende especialmente:

a) Os factos revelados diretamente pela pessoa, por outrem a seu pedido ou por terceiro com quem tenha contactado durante a prestação de cuidados ou por causa dela;

b) Os factos apercebidos pelo médico, provenientes ou não da observação clínica do doente ou de terceiros;

c) Os factos resultantes do conhecimento dos meios complementares de diagnóstico e terapêutica referentes ao doente;

d) Os factos comunicados por outro médico ou profissional de saúde, obrigado, quanto aos mesmos, a segredo.

3. A obrigação de segredo médico existe, quer o serviço solicitado tenha ou não sido prestado e quer seja ou não remunerado.

4. O segredo médico mantém-se após a morte do doente.

Sendo a Escusa do segredo médico, nos termos do artigo 88º, apenas possível nos casos seguintes:

a) O consentimento do doente ou, em caso de impedimento, do seu representante legal, quando a revelação não prejudique terceiras pessoas com interesse na manutenção do segredo médico;

---

[126] Como bem criticou LOPES DO REGO, *Higiene e saúde no trabalho – exames obrigatórios – reserva da vida privada – Acordão nº 368/02 do Tribunal Constitucional, de 25 de setembro de 2002, Comentário,* (...) na larga generalidade das situações em que não se vislumbram quaisquer riscos particulares ou específicos para o trabalhador ou para terceiros na atividade laboral exercida – procede o Tribunal Constitucional a uma interpretação "conforme à Constituição", fortemente restritiva das normas legais reguladoras dos exames médicos obrigatórios", Revista do Ministério Público, ano 23, out/dez 2002, nº 92, p. 152.

b) O que for absolutamente necessário à defesa da dignidade, da honra e dos legítimos interesses do médico ou do doente, não podendo em qualquer destes casos o médico revelar mais do que o necessário, nem o podendo fazer sem prévia autorização do Presidente da Ordem;

c) O que revele um nascimento ou um óbito;

d) As doenças de declaração obrigatória.

A referida escusa é consentida, supomos, em nome do *princípio da beneficiência*, e, exclusivamente, em nome deste.

É de aferir e sopesar o potencial discriminatório dessa divulgação, que pode funcionar como verdadeiro *princípio da maleficiência*. Assim e a esta luz, deve o médico do trabalho fundamentar perante o trabalhador o resultado Não Apto?

Relativamente ao processo clínico ou ficha clínica e exames complementares, dispõe o art. 109º, RJSST:

"1. As observações clínicas relativas aos exames de saúde são anotadas na ficha clínica do trabalhador.

2. A ficha clínica está sujeita ao segredo profissional, só podendo ser facultada às autoridades de saúde e aos médicos afetos ao organismo com competência para a promoção da segurança e da saúde no trabalho do ministério responsável pela área laboral.

3. Para efeitos do disposto nos números anteriores, a ficha clínica não deve conter dados sobre a raça, a nacionalidade, a origem étnica ou informação sobre hábitos pessoais do trabalhador, salvo quando estes últimos estejam relacionados com patologias específicas ou com outros dados de saúde".

A Lei de Informação Genética Pessoal e Informação de Saúde,[127] concede que a informação de saúde é "propriedade da pessoa" (art. 3º, nº 1),[128] sendo, nesse contexto, corroborada pela própria Lei de Proteção de Dados Pessoais (art. 3º, al. *a*)) e correspondendo, desta forma, ao pedido

---

[127] Aprovada pela Lei nº 12/2005, de 26.01.

[128] No mesmo sentido, o art. 3º, nº 1, da Convenção sobre os Direitos do Homem e a Biomedicina dispõe que "A informação de saúde, incluindo os dados clínicos registados, resultados de análises e outros exames subsidiários, intervenções e diagnósticos, é propriedade da pessoa, sendo as unidades do sistema de saúde os depositários da informação, a qual não pode ser utilizada para outros fins que não os da prestação de cuidados e a investigação em saúde e outros estabelecidos pela lei".

no Parecer do Conselho Nacional de Ética para as Ciências da Vida[129] que entendia que (o projeto d)a lei parece que omitia "deliberadamente a questão da propriedade efetiva da informação de saúde e dos dados clínicos registados".

O disposto no nº 2, do mesmo preceito, dispõe que:

"O titular da informação de saúde tem o direito de, querendo, tomar conhecimento de todo o processo clínico que lhe diga respeito, salvo circunstâncias excecionais devidamente justificadas e em que seja inequivocamente demonstrado que isso lhe possa ser prejudicial, ou de o fazer comunicar a quem seja por si indicado", tem de ser articulado com o previsto, quanto a esta matéria, no art. 3º, al. c)), da Lei de Proteção de Dados Pessoais.[130]

O processo clínico, na vertente objetivada do diagnóstico, constitui património do paciente, não podendo o médico recusar o seu acesso e apropriação por parte daquele.

Relativamente aos titulares do segredo médico, entende o Conselho Nacional de Ética para as Ciências da Vida que: "A privacidade e a confidencialidade dos dados de saúde[131] implica o rigoroso cumprimento do segredo profissional por parte de todos os agentes envolvidos no tratamento dos dados pessoais, biológicos, ou genéticos, bem como o arquivamento escrupuloso do processo clínico individual, independentemente do suporte em que se encontre (convencional ou informático).[132]

E mais adiante, "Aceitando em princípio que a informação de saúde objetiva – incluindo resultados de análises e outros exames subsidiários, intervenções e diagnósticos – é propriedade exclusiva do utente, menos

---

[129] Segundo o Relatório/Parecer 43/CNECV/2004, dedicado ao projeto de Lei nº 28/IX (Informação genética pessoal e informação de saúde), hoje Lei nº 12/2005, de 26.01.

[130] No referido Parecer, a Comissão Nacional de Ética para as Ciências da Vida, alerta para a necessidade do "processo ou ficha clínica (que) é a memória escrita do médico pelo que é sua propriedade e não do doente, terá que ser articulada com esta nova realidade no sentido de garantir o direito inalienável de qualquer cidadão aos seus dados pessoais."

[131] A Lei nº 12/2005, de 26.01 define informação de saúde como "todo o tipo de informação direta ou indiretamente ligada à saúde, presente ou futura, de uma pessoa, quer se encontre com vida ou tenha falecido, e a sua história clínica e familiar." (art. 2º)

[132] No Relatório/Parecer 43/2004, já citado.

MANUAL DE DIREITO DA SEGURANÇA E SAÚDE NO TRABALHO

clara é a propriedade de dados subjetivos que decorrem da interpretação individual do médico assistente."

Nos termos legais, é legítimo o acesso aos dados pelo médico, ou sob a supervisão daquele, outro profissional igualmente sujeito ao dever de sigilo, nomeadamente, enfermeiros, técnicos superiores de saúde (art. 5º, nº 4 da referida Lei).

A Comissão Nacional de Proteção de Dados, por sua vez, considera que a "informação de saúde deverá ser de acesso restrito aos médicos do trabalho ou, sob a sua direção e controlo, a outros profissionais de saúde obrigados a segredo profissional."[133]

13.2. A comunicação da doença às autoridades sanitárias, ao próprio trabalhador e a terceiros

Consideram-se doenças de declaração obrigatória, as doenças infecciosas que podem constituir um perigo para a comunidade em geral, tendo o regime de declaração obrigatória em vista o acionamento do plano de controlo epidemiológico (v.g., isolamento do doente, vigilância clínica), de molde a diminuir ou afastar os riscos de contágio na comunidade.

A Lei nº 81/2009, de 21 de agosto, institui um sistema de vigilância em saúde pública, que identifica situações de risco, recolhe, atualiza, analisa e divulga os dados relativos a doenças transmissíveis e outros riscos em saúde pública, bem como prepara planos de contingência face a situações de emergência ou tão graves como de calamidade pública.

O regulamento de notificação obrigatória de doenças transmissíveis e outros riscos em saúde pública consta da Portaria nº 248/2013, de 5 de agosto, alterada pela Portaria nº 22/2016, de 10.02.

As doenças de declaração obrigatória, de acordo com a Portaria nº 1071/98, de 21.12 (alterada pelas Portarias nº 103/2005, de 25.01 e nº 258/2005, de 16.03 e aditada pela Resolução da AR nº 21/2010, de 08.03) são, entre outras, a tuberculose respiratória (A15, A16), a tuberculose do sistema nervoso (A17), a tuberculose miliar (A19) e o VIH.

---

[133] Conforme Autorização nº 854/2005, que autorizou uma empresa de prestação de Serviços de Medicina do Trabalho, no âmbito da *Saúde Ocupacional*, a proceder ao tratamento da informação relativa aos "dados de identificação do titular, antecedentes pessoais e história atual, perfil psicológico, informação relativa ao absentismo e suas causas, doenças atuais, antecedentes e história de medicina do trabalho, antecedentes familiares." No mesmo sentido, Autorização nº 931/2005.

ANTÓNIO BERNARDO COLAÇO[134] confirma a dificuldade que o tema suscita, dando relevância à aferição de determinados valores: "a esfera dos direitos fundamentais onde se distinguem: o direito ao trabalho, o direito à livre contratação; a vertente privatística da propriedade empresarial e a subordinação jurídica do trabalhador; o direito ao respeito da esfera da privada e à dignidade humana (c/ref. à saúde)."

14. A eventual violação dos princípios da igualdade e da não discriminação

O art. 13º, nº 1, da CRP consagra a igualdade de todos os cidadãos perante a lei.[135]

O art. 59º, nº 1 da CRP confere a necessária paridade entre todos os trabalhadores, quando prevê a abolição da «distinção em função da idade, sexo, raça, cidadania, território de origem, religião, convicções políticas ou ideológicas». Também o art. 2º do TUE acolhe o princípio da não-discriminação.

Por sua vez, a Carta dos Direitos Fundamentais da União Europeia, dispõe no art. 21º, nº 1 que "é proibida a discriminação em razão, designadamente, do sexo, raça, cor ou origem étnica ou social, características genéticas, língua, religião ou convicções, opiniões políticas ou outras, pertença a uma minoria nacional, riqueza, nascimento, deficiência, idade ou orientação sexual."

O art. 23º, nº 1, do Código do Trabalho, no seguimento do disposto no art. 13º, nº 1, da CRP, proíbe práticas discriminatórias,[136] apresentando alguns dos fatores de discriminação. Esse princípio de igualdade é afastado, no entanto, nos casos previstos no art. 25º, nº 2. Ou seja, práticas desiguais não são consideradas ilegítimas sempre que assentem nos critérios aí estabelecidos.

---

[134] *O infectado de VIH: a aguardar cidadania plena em sede laboral (resenha jurisdicional: pistas para uma solução jurídica)*, Revista do Ministério Público, ano 24, nº 93, pp. 102 e ss.

[135] O nº 2 do preceito elenca alguns dos fatores de discriminação (número alterado pela Lei nº 17/2004, de 24.09. para receber o fator orientação sexual).

[136] MARIA MANUELA MAIA DA SILVA, *A discriminação sexual no mercado de trabalho – Uma reflexão sobre as discriminações diretas e indiretas*, QL, nº 15, 2000, p. 89, apresenta o conceito de discriminação indireta como tendo tido por fonte a teoria do impacto ou efeito adverso (Ac. *Griggs*), que considera proibidas não só as discriminações diretas mas também as práticas que, sendo formalmente justas, são discriminatórias na sua realização, salvo se o empresário provar a necessidade empresarial (*business necessity*).

Afasta-se a discriminação (ilegítima), e acolhe-se a diferenciação (legítima).

A norma consente então comportamentos seletivos do empregador atenta a natureza das atividades profissionais em causa ou o contexto da sua execução, contanto esse fator constitua um requisito justificável e determinante para o exercício da atividade profissional, o objetivo legítimo e o requisito proporcional.

A Lei nº 46/2006, de 28.08, regulamentada pela Lei nº 34/2007, de 15.02, visa prevenir e proibir as discriminações em razão da deficiência e de risco agravado de saúde.

Parece-nos que a falta de objetividade da finalidade, permite desvios legais, nomeadamente da recente Lei da Informação Genética, e constitucionais, a evitar. O nº 2, do art. 13º, da citada Lei, dispõe, como vimos, que: "Às empresas e outras entidades patronais não é permitido exigir aos seus trabalhadores, mesmo que com o seu consentimento, a realização de testes genéticos ou a divulgação de resultados previamente obtidos".

15. Meios de vigilância à distância

A monitorização das condições de trabalho permite zelar pela segurança e saúde no trabalho, e, é nessa perspetiva que o Código do Trabalho legitima os meios de vigilância à distância.

O art. 20º, nº 1, do Código do Trabalho, proíbe a utilização de meios de vigilância à distância para controlo do desempenho do trabalhador.

A Organização Internacional do Trabalho considera o uso da vigilância no local de trabalho, uma "violação da dignidade humana e de direitos básicos, sendo frequentemente levada a cabo sem adequada avaliação dos interesses em presença."

O nº 2 do preceito estabelece a legitimidade dos meios de vigilância sempre que estes tenham por finalidade "a proteção e segurança de pessoas e bens" (v.g., estabelecimentos abertos ao público) ou "quando particulares exigências inerentes à natureza da atividade o justifiquem." (v.g., indústria de pirotecnia).

Os termos em que tal utilização pode ser realizada estão agora definidos no art. 21º, do CT, que estabelece a sujeição à autorização da Comissão Nacional de Proteção de Dados (nº 1), que só será concedida dentro do necessário, adequado e proporcional aos objetivos a atingir (nº 2).

Os dados pessoais recolhidos através dos meios de vigilância à distância são conservados durante o período necessário para a prossecução das finalidades da utilização a que se destinam, devendo ser destruídos no momento da transferência do trabalhador para outro local de trabalho ou da cessação do contrato de trabalho (n° 3).[137]

---

[137] O regime do exercício da atividade de segurança privada, aprovado pela Lei n° 34/2013, de 16 de maio, indica no art. 31° (Sistemas de videovigilância):

1 – As entidades titulares de alvará ou de licença para o exercício dos serviços previstos nas alíneas *a*), *c*) e *d*) do n° 1 do artigo 3° podem utilizar sistemas de vigilância por câmaras de vídeo para captação e gravação de imagem com o objetivo de proteger pessoas e bens, desde que sejam ressalvados os direitos e interesses constitucionalmente protegidos, sendo obrigatório o seu registo na Direção Nacional da PSP, nos termos definidos por portaria do membro do Governo responsável pela área da administração interna.

2 – As gravações de imagem obtidas pelos sistemas de videovigilância são conservadas, em registo codificado, pelo prazo de 30 dias contados desde a respetiva captação, findo o qual são destruídas.

3 – Todas as pessoas que tenham acesso às gravações realizadas nos termos da presente lei, em razão das suas funções, devem sobre as mesmas guardar sigilo, sob pena de procedimento criminal.

4 – É proibida a cessão ou cópia das gravações obtidas de acordo com a presente lei, só podendo ser utilizadas nos termos da legislação processual penal.

5 – Nos locais objeto de vigilância com recurso a câmaras de vídeo é obrigatória a afixação, em local bem visível, de informação sobre as seguintes matérias:

a) A existência e localização das câmaras de vídeo;

b) A menção «Para sua proteção, este local é objeto de videovigilância»;

c) A entidade de segurança privada autorizada a operar o sistema, pela menção do nome e alvará ou licença;

d) O responsável pelo tratamento dos dados recolhidos perante quem os direitos de acesso e retificação podem ser exercidos.

6 – Os avisos a que se refere o número anterior são acompanhados de simbologia adequada, nos termos definidos por portaria do membro do Governo responsável pela área da administração interna.

7 – A autorização para a utilização dos sistemas de vigilância por câmaras de vídeo nos termos da presente lei não prejudica a aplicação do regime geral em matéria de proteção de dados previsto na Lei n° 67/98, de 26 de outubro, designadamente em matéria de direito de acesso, informação, oposição de titulares e regime sancionatório.

8 – É proibida a gravação de som pelos sistemas referidos no presente artigo, salvo se previamente autorizada pela Comissão Nacional de Proteção de Dados, nos termos legalmente aplicáveis.

O pedido de autorização deve ser acompanhado de parecer da comissão de trabalhadores ou, dez dias após a consulta, de comprovativo do pedido de parecer (nº 4).

A violação do disposto no art. 21º, nº 3, constitui contraordenação grave (nº 5).

O 20º, nº 3, do Código do Trabalho, prevê um dever geral de informação ao trabalhador sobre a utilização de meios de vigilância. A declaração informativa surge, no texto legal, entre aspas, e como tal, deverá ser transcrita, não permitindo qualquer apropriação criativa.

A Deliberação nº 61/2004 da Comissão Nacional de Proteção de Dados (Princípios sobre tratamento de videovigilância)[138] entendeu que, "O tratamento a realizar e os meios utilizados devem ser considerados os necessários, adequados e proporcionados com as finalidades estabelecidas: a proteção de pessoas e bens. Ou seja, para se poder verificar se uma medida restritiva de um direito fundamental supera o juízo de proporcionalidade importa verificar se foram cumpridas três condições: se a medida adotada é idónea para conseguir o objetivo proposto (*princípio da idoneidade*); se é necessária, no sentido de que não existe outra medida capaz de assegurar o objetivo com igual grau de eficácia (*princípio da necessidade*); se a medida adotada foi ponderada e é equilibrada ao ponto de, através dela, serem atingidos substanciais e superiores benefícios ou vantagens para o interesse geral quando confrontados com outros bens ou valores em conflito (*juízo de proporcionalidade em sentido restrito*)."[139]

Polémica tem vindo a ser a licitude da prova produzida no contexto da videovigilância para motivar uma censura disciplinar, quando o CT é perentório em não admitir que a videovigilância sirva para controlar o desempenho do trabalhador.

No caso da atuação do trabalhador ser atentatória (como seria a atuação de um terceiro) da finalidade de proteção e segurança de pessoas e bens ou de particulares exigências inerentes à natureza da atividade e entre o direito à privacidade e integridade e o direito à propriedade, pergunta-se se aos trabalhadores assiste uma proteção especial, atenta a sua qualidade.

---

[138] Disponível em http://www.cnpd.pt/bin/orientacoes/DEL61-2004-IDEOVIGILANCIA. pdf

[139] Segundo a CNPD, na Deliberação nº 32/96, não será legítima, a recolha de dados com a finalidade de controlar o tempo que os trabalhadores gastam na casa de banho.

A jurisprudência que nos primórdios entendia tratar-se prova inidónea, tem vindo a assumir certas concessões:

1) *I – A captação de imagens por videovigilância não só não poder ser utilizada como forma de controlar o exercício da atividade profissional do trabalhador, como não pode ser utilizada em sede de procedimento disciplinar.*

II – Em processo laboral, e como meio de prova, não é admissível a utilização de imagens captadas por sistemas de videovigilância, envolvendo o desempenho do trabalhador ou os atos disciplinarmente ilícitos por ele praticados nesse mesmo desempenho.
Ac. RL, de 19.11.2008, CJ, Ano XXXIII, T. V, p. 159

2) *I – São provas nulas as imagens de vídeo obtidas sem o consentimento ou conhecimento do arguido, através de câmara oculta colocada pelo assistente no seu estabelecimento de gelataria, e que é o local de trabalho do arguido, e sem que estivesse afixada informação sobre a existência de meios de videovigilância e qual a sua finalidade – arts. 118º, nº 3, 126º, 167º, nº 1, do C.P.P., D.L. nº 267/93, de 10/8, Lei nº 67/98, de 26/10, D.L. nº 231/98, de 22/7, D.L. nº 263/01, de 28/9 e arts. 18º, 26º, nº 1 e 32º, nº 8, da C.R.P.*

II – Arrolados tais meios de prova na acusação pública por crime de furto e valorados em audiência, onde foram visionadas as imagens de vídeo, é nulo todo o processado desde a acusação, inclusive, e ulteriores termos do processo – art. 122º, nº 1 do C.P.P..

III – Há declaração de voto do Exmº. Desembargador Mário Morgado neste sentido:
A prova obtida é válida nos termos do art. 167º nº1 do C.P.P., já que a captação de imagens realizada não ofende a integridade física ou moral do arguido nem a sua dignidade e intimidade, como não é ilícita e nem integra o crime p. e p. pelo art. 199º nº 2 a) do C.P..
Ac. TRL, de 3 de maio de 2006, Proc. 83/2006-3.[140]

3) Com vista ao despedimento de uma trabalhadora, é lícito à empregadora utilizar as gravações entre uma operadora de rádio e os clientes da empregadora, se esta for uma Cooperativa de Rádio Táxis.
[Concluiu o Acordão: Resulta da própria natureza das funções da autora – operadora de rádio – que a utilização das gravações das comunicações visava a prossecução de interesses legítimos da entidade empregadora, e não

---

[140] Disponível em http://www.fd.unl.pt/docentes_docs/ma/mhb_MA_ 4236.htm.

se destinava a avaliar as capacidades profissionais da trabalhadora. Por outro lado, as referidas gravações foram utilizadas dentro de certos limites, pois não são o único meio de prova utilizado no processo disciplinar, já que existe prova testemunhal e documental. Assim sendo, afigura-se-nos lícita a utilização das gravações das comunicações telefónicas entre a autora/trabalhadora e os clientes da ré, como um dos meios de prova a utilizar em audiência de julgamento, tal como o foi no âmbito do processo disciplinar, dado tratar-se de gravações de comunicações públicas inerentes à natureza da atividade da ré e com o conhecimento da autora].

(Ac. RL, de 10 de outubro de 2013, CJ, nº 249, Ano XXXVIII, T. IV/2013, p. 159).

4) Sendo imputado pelo empregador ao trabalhador a prática de um ilícito disciplinar por violação do dever de lealdade, passível de integrar igualmente um crime de furto, é de admitir a exibição em audiência de julgamento das gravações de imagens num caso em que está alegado, sem impugnação, que naquele estabelecimento a videovigilância está autorizada pela CNPD, a existência e funcionamento desse sistema foi participado ao trabalhador, está devidamente publicitado por dois dísticos afixados nesse estabelecimento e foi implementado com vista a salvaguardar os bens e produtos à venda.

Ac. RP, de 04 de fevereiro de 2013, CJ, nº 244, Ano XXXVIII, Tomo I/2013, pp. 234-235

Capítulo VI

A intervenção dos técnicos de segurança no trabalho e dos representantes dos trabalhadores para a segurança e saúde no trabalho

1. O técnico superior de segurança no trabalho e o técnico de segurança no trabalho

As atividades técnicas de segurança no trabalho cabem ao técnico superior de segurança no trabalho e ao técnico de segurança no trabalho.

O regime de acesso e de exercício das profissões de técnico superior de segurança no trabalho e de técnico de segurança no trabalho consta da Lei nº 42/2012, de 28 de agosto (que revogou o Decreto-Lei nº 110/2000, de 30 de junho).

O regime em vigor, mais desenvolvido do que o anterior, define *técnico de segurança no trabalho* como "o profissional que desenvolve atividades de prevenção e de proteção contra riscos profissionais" e *técnico superior de segurança no trabalho*, como "o profissional que organiza, desenvolve, coordena e controla as atividades de prevenção de proteção contra riscos profissionais", art. 2º, als. *c)* e *d)*).

O exercício da atividade depende de título profissional válido (art. 3º, nº 1), sendo nulo o contrato de prestação de serviços ou de trabalho, não havendo título profissional válido (nº 2).

Os técnicos superiores de segurança no trabalho e os técnicos de segurança no trabalho, devem desenvolver as atividades definidas no perfil profissional respetivo, constante do manual de certificação (art. 4º), elaborado pela ACT como entidade certificadora (art. 2º, al. *a)*), obedecendo aos princípios deontológicos apresentados no art. 7º, nº 1.

Os princípios elencados no art. 7º, valorizam a segurança e saúde dos trabalhadores como fatores prioritários (al. *a)*), os conhecimentos científicos e a competência técnica (al. *b)*), a aquisição e atualização das competências e dos conhecimentos necessários ao exercício das suas funções (al. *c)*), a autonomia técnica (al. *d)*), a informação ao empregador, ao trabalhadores e aos representantes para a segurança e saúde no trabalho sobre a existência de situações particularmente perigosas (al. *e*)), a colaboração com os trabalhadores e os seus representantes para a segurança e saúde no trabalho, desenvolvendo as suas capacidades de intervenção sobre os fatores de risco profissional e as medidas de prevenção adequadas (al. *f*)), o resguardo na revelação de informações referentes à organização, métodos de produção ou negócios de que tenham conhecimento em virtude do desempenho das suas funções (al. *g*)), a proteção da confidencialidade dos dados que afetem a privacidade dos trabalhadores (al. *h*)) e a consulta e cooperação com os organismos da rede nacional de prevenção de riscos profissionais (al. *i*)).

O n.º 2, estipula a nulidade das cláusulas contratuais que violem os princípios estabelecidos ou obriguem os técnicos superiores de segurança no trabalho ou os técnicos de segurança no trabalho a não cumprir os deveres legais.

Podendo parecer um excesso de zelo do legislador, ilustra bem a precária autonomia técnica e jurídica que estes profissionais possuem.

Mantém-se a sanção de suspensão e revogação do título profissional, em caso de violação grave dos princípios de deontologia profissional (artigo 8.º, n.º 3, al. *b*) da Lei n.º 42/2012, de 28 de agosto), apesar de ser certo que nem sempre o técnico terá o necessário poder negocial para afastar limitações e compressões do empregador, no exercício da atividade.

A considerar, ainda, o art. 102.º, do RJSST, em particular o n.º 3, que sujeita a sigilo profissional as informações relativas ao serviço de segurança e saúde no trabalho, sem prejuízo de as informações pertinentes para a proteção da segurança e saúde deverem ser comunicadas aos trabalhadores envolvidos, sempre que tal se mostre necessário, e aos representantes dos trabalhadores para a segurança e saúde no trabalho.

A atividade dos serviços de segurança deve ser assegurada regularmente no próprio estabelecimento durante o tempo necessário (art. 101.º, n.º 1, do RJSST).

Em estabelecimento industrial: até 50 trabalhadores – um técnico.

Acima de 50 trabalhadores – dois técnicos, por cada 1500 trabalhadores abrangidos ou fração, sendo pelo menos um deles técnico superior.

Nos restantes estabelecimentos: Até 50 trabalhadores – um técnico.

Acima de 50 trabalhadores – dois técnicos, por cada 3000 trabalhadores abrangidos ou fração, sendo pelo menos um deles técnico superior (n.º 2).

A ACT pode determinar uma duração mais alargada da atividade dos serviços de segurança em estabelecimento, independentemente da dimensão, que atenta a natureza ou a gravidade dos riscos profissionais e os indicadores de sinistralidade, se justifique uma ação mais eficaz (n.º 3).

2. Os representantes dos trabalhadores para a segurança e saúde no trabalho

Diferente da atividade, de foro puramente técnico dos técnicos superiores de segurança no trabalho e dos técnicos de segurança no trabalho, cabe aos representantes dos trabalhadores para a segurança e saúde no trabalho, em sede de concertação dos interesses coletivos, cuidar das condições de trabalho no que respeita à segurança e saúde.

O seu papel, de facto, é essencialmente participativo e consultivo.

Assim, impõe-se ao empregador a formação permanente destes trabalhadores (art. 22º, nº 1, do RJSST), concedendo licença com retribuição, ou sem retribuição se outra entidade atribuir subsídios específico (nº 2), podendo solicitar apoio aos serviços públicos competentes (nº 3). Ainda, por convenção coletiva, admite-se a criação de comissões de segurança e saúde no trabalho de composição paritária (art. 23º).

Os representantes dos trabalhadores para a segurança e saúde no trabalho devem dispor de instalações adequadas e meios materiais e técnicos necessários ao desempenho das suas funções, fornecidos pelos órgãos de gestão das empresas (art. 24º, nº 1, do RJSST), tendo o direito de reunir com estes, pelo menos uma vez por mês, para discussão e análise dos assuntos relacionados com a segurança e saúde no trabalho (art. 25º, do RJSST).

Os arts 26º a 40º, do RJSST, cuidam do procedimento eleitoral. Os representantes dos trabalhadores para a segurança e saúde no trabalho são eleitos pelos trabalhadores por voto direto e secreto, segundo o princípio da representação proporcional pelo método de *Hondt* (art. 21º nº 1), estabelecendo o nº 4, o número de representantes, atendendo à dimensão da empresa.

Os representantes dos trabalhadores para a segurança e saúde no trabalho pertencem às estruturas de representação coletiva dos trabalhadores (art. 404º, al. *c*), do CT) e gozam de autonomia e independência (art. 405º, do CT).

Atenta a sua posição crítica são resguardados de atos do empregador em *represália* do exercício dos direitos legalmente conferidos, assim refere o art. 406º, nº 1, CT, que "É proibido e considerado nulo o acordo ou outro ato que vise:

b) Despedir, transferir ou, por qualquer modo, prejudicar trabalhador devido ao exercício dos direitos relativos à participação em estruturas de representação coletiva ou à sua filiação ou não filiação sindical", sob pena de incorrer em crime por violação da autonomia ou independência sindical ou por ato discriminatório (art. 407º, nº 1, do CT).

O representante beneficia de crédito de horas (art. 408º, do CT), e a ausência de trabalhador por motivo de desempenho de funções que exceda esse crédito, é considerada falta justificada, embora com perda retributiva (art. 409º, nº 1, do CT).

Assiste-lhe a proteção em caso de procedimento disciplinar ou despedimento (art. 410º, do CT) que lhe permite aceder a locais e exercer atividades que se compreendem no exercício da respetiva função (nº 1), a gozar da presunção de despedimento sem justa causa (nº 3), e a beneficiar do regime especial das indemnizações por antiguidade (nº 6).

Ainda, a ação de impugnação do despedimento possui natureza urgente (nº 5) e a providência cautelar de suspensão de despedimento só não é decretada se o tribunal concluir pela existência de probabilidade séria de verificação da justa causa invocada (nº 4).

Em caso de transferência de local de trabalho, o representante não pode ser transferido de local sem o seu acordo, salvo havendo extinção ou mudança total ou parcial do estabelecimento onde presta serviço (art. 411º, nº 1, do CT).

A exemplo do técnico e do técnico superior de segurança e saúde, está obrigado a segredo profissional (art. 412º, nº 1, do CT).

A compressão do exercício de direitos (nº 3) é semelhante à existente nos direitos de personalidade, salvaguardando o bem "normal funcionamento da empresa". A legitimidade desta compressão não é linear, e não sendo este o local adequado para a discutir, relembremos apenas que o conceito *normal*, carece de esclarecimento e concretização.

Capítulo VII
O regime de tutela dos trabalhadores vulneráveis

1. A proteção de grupos de trabalhadores vulneráveis no desempenho laboral

1.1. Menores

Os arts. 66º a 81º, do Código do Trabalho transpõem a Diretiva nº 94/33, de 22.06 (relativa à proteção dos jovens no trabalho).

A admissão de menor ao trabalho exige, cumulativamente, que este tenha completado 16 anos (idade mínima de admissão); tenha concluído a escolaridade obrigatória ou esteja matriculado e a frequentar o nível secundário de educação e disponha de capacidade física e psíquica para o posto de trabalho (art. 68º, nºs 1 e 2, do CT).

Nos termos da Lei nº 85/2009, de 27 de agosto (que aprovou o regime da escolaridade obrigatória para as crianças e jovens que se encontram em idade escolar e consagra a universalidade da educação pré-escolar para as crianças a partir dos 5 anos de idade, alterada pela Lei nº 65/2015, de 03/07), a escolaridade obrigatória cessa com a obtenção do diploma de curso conferente de nível secundário da educação; ou, independentemente da obtenção do diploma de qualquer ciclo ou nível de ensino, no momento do ano escolar em que o aluno perfaça 18 anos (art. 2º, nº 4, als. *a*) e *b*)).

Os menores com idade inferior a 16 anos que tenham concluído a escolaridade obrigatória ou estejam matriculados e a frequentar o nível secundário de educação podem prestar trabalhos leves (nº 3), desde que submetidos ao disposto no art. 69º.

Ou seja, os maiores de 18 anos, gozam da emancipação pela idade, e estão aptos para trabalhar.

Os menores de 16 anos, só terão capacidade jurídica para o trabalho, mediante a conclusão da escolaridade obrigatória, que hoje corresponde ao

12º ano (o que na prática, seria quase uma impossibilidade) ou desde que a frequentar o nível secundário de educação.

Os menores com idade inferior a 16 anos, podem prestar trabalhos leves, desde que tenham concluído a escolaridade obrigatória (uma impossibilidade) ou estejam matriculados e a frequentar o nível secundário de educação.

Relativamente à vigilância na saúde, a lei obriga à realização de exames médicos para garantia da segurança e saúde do menor (art. 72º, nº 1, do CT), sob pena de ilícito contra-ordenacional grave (nº 3).

O RJSST indica na seção IV (arts. 61º a 72º) as atividades proibidas ou condicionadas a menor, e nos arts. 48º e 49º, as atividades proibidas ou condicionadas em geral.

De relevar, um regime muito especial de prestação de trabalho de menor, que enquadra a participação em espetáculo ou outra atividade, conforme consta da Lei nº 105/2009, de 14 de setembro, que regulamentou o CT.

A duração do período de participação em atividade, incluindo ensaios e outros atos preparatórios, não pode exceder, consoante a idade daquele, nos termos do art. 3º, nº 1, a seguinte duração:

a) Menos de 1 ano, uma hora por semana;

b) De 1 a menos de 3 anos, duas horas por semana;

c) De 3 a menos de 7 anos, duas horas por dia e quatro horas por semana;

d) De 7 a menos de 12 anos, três horas por dia e nove horas por semana, podendo qualquer dos limites ser excedido até três horas, caso o acréscimo de atividade ocorra em dia sem atividades escolares;

e) De 12 a menos de 16 anos, quatro horas por dia e doze horas por semana, podendo qualquer dos limites ser excedido até três horas, caso o acréscimo de atividade ocorra em dia sem atividades escolares.

2 – Durante o período de aulas, a atividade do menor deve não coincidir com o horário escolar, respeitar um intervalo mínimo de uma hora entre ela e a frequência das aulas e não impossibilitar de qualquer modo a participação em atividades escolares.

3 – A atividade do menor deve ser suspensa pelo menos um dia por semana, coincidente com dia de descanso durante o período de aulas.

4 – A atividade pode ser exercida em metade do período de férias escolares e não pode exceder, consoante a idade do menor:

a) De 6 a menos de 12 anos, seis horas por dia e doze horas por semana;

b) De 12 a menos de 16 anos, sete horas por dia e dezasseis horas por semana.

5 – Em situação referida nas alíneas *c*) a *e*) do nº 1 ou no número anterior deve haver uma ou mais pausas de, pelo menos, trinta minutos cada, de modo que a atividade consecutiva não seja superior a metade do período diário referido naqueles preceitos.

6 – O menor só pode exercer a atividade entre as 8 e as 20 horas ou, tendo idade igual ou superior a 7 anos e apenas para participar em espetáculos de natureza cultural ou artística, entre as 8 e as 24 horas.

7 – Os nºs 1 a 5 são aplicáveis a menor que esteja abrangido pela escolaridade obrigatória.

8 – Constitui contraordenação muito grave, imputável à entidade promotora, a violação do disposto no presente artigo, podendo ser aplicadas as sanções acessórias referidas no nº 4 do artigo anterior.

1.2. Trabalhadoras grávidas, puérperas ou lactantes

Os arts. 33º a 65º, do Código do Trabalho acolhem a Diretiva nº 92/85, de 19.10 (relativa à implementação de medidas destinadas a promover a melhoria da segurança e da saúde das trabalhadores grávidas, puérperas ou lactantes no trabalho).

Tendo por denominador comum a informação, por escrito, e mediante a apresentação de atestado médico (ou certidão de nascimento do filho, no caso da trabalhadora puérpera), a lei considera trabalhadora grávida aquela que se encontra em estado de gestação (art. 36º, nº 1, al. *a*), do CT), por trabalhadora puérpera "toda a trabalhadora parturiente e durante um período de 120 subsequentes ao parto" (al. *b*)) e por trabalhadora lactante a "que amamenta o filho" (al. *c*)). O regime de proteção da parentalidade é ainda aplicável desde que o empregador tenha conhecimento da situação ou do facto relevante (nº 2).

A proteção da segurança e saúde, consta do art. 62º CT, que refere expressamente que a trabalhadora "tem direito a especiais condições de segurança e saúde nos locais de trabalho, de modo a evitar a exposição a riscos para a sua segurança e saúde" (nº 1).

O nº 2, do mesmo preceito, considera os agentes, processos ou condições de trabalho que devem ser avaliados para determinação de qualquer risco para a sua segurança e saúde e as repercussões sobre a gravidez ou a amamentação, bem como as medidas a tomar, sem prejuízo de outras obrigações previstas em legislação especial.

O nº 3, indica as medidas a tomar para evitar a exposição da trabalhadora aos riscos para a sua segurança ou saúde.

A trabalhadora tem direito a ser informada, por escrito, dos resultados dessa avaliação (nº 4).

O nº 5, do preceito, veda à trabalhadora o exercício de todas as atividades cuja avaliação tenha revelado riscos de exposição aos agentes e condições de trabalho, que ponham em perigo a sua segurança ou saúde ou o desenvolvimento do nascituro.

E, o nº 6, remete para legislação especial, a regulação das atividades suscetíveis de apresentem um risco específico de exposição a agentes, processos ou condições de trabalho.

Por sua vez, o RJSST (arts. 41º a 60º) resguarda o património genético. E nos arts. 48º e 49º, as atividades proibidas ou condicionadas em geral.

1.3. Trabalhadores com capacidade de trabalho reduzida

O princípio geral de apoio aos trabalhadores com capacidade de trabalho reduzida consta do art. 84º, nº 1, do CT, indicando-se que: "O empregador deve facilitar o emprego a trabalhador com capacidade de trabalho reduzida, proporcionando-lhe adequadas condições de trabalho, nomeadamente a adaptação do posto de trabalho, retribuição e promovendo ou auxiliando ações de formação e aperfeiçoamento profissional apropriadas."

Entende-se por pessoa com (*deficiência e*) incapacidade de trabalho reduzida, "Aquela que possua capacidade produtiva inferior a 90% da capacidade normal exigida a um trabalhador nas mesmas funções profissionais ou no mesmo posto de trabalho, em razão das alterações estruturais e funcionais e das limitações de atividade delas decorrentes" (art. 4º, al. *b*) do Decreto-Lei nº 290/2009, de 12 de outubro, alterado pelo Decreto-Lei nº 131/2013 de 11.09, que criou o Programa de Emprego e Apoio à Qualificação das Pessoas com Deficiências e Incapacidades).

Concretizando as medidas de apoios à integração, manutenção e reintegração no mercado de trabalho (art. 1º, nº 1, al. *b*)), constam: o contrato emprego-inserção para pessoas com deficiências e incapacidades (art. 42º); o contrato de emprego apoiado em entidades empregadoras (art. 54º) e a prestação da atividade nos centros de emprego protegido ou em postos de trabalho em regime de contrato de emprego apoiado em entidades empregadoras (art. 59º).

As empresas devem, no cumprimento do seu dever de promoção e incentivo de emprego aos trabalhadores com capacidade reduzida, beneficiar do apoio do Estado, o qual deverá, por sua vez, estimular e apoiar as ações daquelas na realização dos objetivos acima enunciados, pelos meios que considere convenientes.

O REGIME DE TUTELA DOS TRABALHADORES VULNERÁVEIS

Sem prejuízo do acima referido, dispõe o n.º 3 do artigo 84.º, do CT, que, por lei ou instrumento de regulamentação coletiva, podem ser estabelecidas especiais medidas de proteção dos trabalhadores com capacidade de trabalho reduzida, designadamente no que respeita à sua admissão e condições de prestação da atividade, sempre com respeito pelos interesses dos trabalhadores e dos empregadores.

De acordo com o artigo 27.º do CT, não são consideradas discriminatórias as medidas de caráter temporário concretamente definido que visem beneficiar certos grupos desfavorecidos, nomeadamente em função da capacidade de trabalho reduzida, que tenham como objetivo garantir o exercício, em condições de igualdade, dos direitos previstos no CT, bem como corrigir uma situação factual de desigualdade que persista na vida social.

O artigo 152.º, n.º 1, do CT prevê, ainda, que os instrumentos de regulamentação coletiva de trabalho devem estabelecer preferências em favor dos trabalhadores com capacidade de trabalho reduzida, no que respeita à admissão em regime de tempo parcial.

O artigo 275.º, n.º 1, alínea *b*), do CT, refere uma especialidade relativa à retribuição deste tipo de trabalhadores, sendo a redução correspondente à diferença entre a capacidade plena para o trabalho e o coeficiente de capacidade efetiva para a atividade contratada, se a diferença for superior a 10 %, com o limite de 50%.

1.4. Trabalhadores com deficiência ou doença crónica

Relativamente a pessoa com deficiência, a Lei n.º 38/2004, de 18 de agosto[141], considera "aquela que, por motivo de perda ou anomalia, congénita ou adquirida, de funções ou de estruturas do corpo, incluindo as funções psicológicas, apresente dificuldades específicas suscetíveis de, em conjunto com os fatores do meio, lhe limitar ou dificultar a atividade e a participação em condições de igualdade com as demais pessoas" (art. 2.º).

Nos termos do art. 85.º, do CT, o trabalhador com deficiência ou doença crónica é titular dos mesmos direitos e está adstrito aos mesmos deveres dos demais trabalhadores no acesso ao emprego, à formação, promoção ou carreira profissionais e às condições de trabalho, sem prejuízo das especificidades inerentes à sua situação (n.º 1). O Estado deve estimular e apoiar

---

[141] A qual definiu as bases gerais do regime jurídico da prevenção, habilitação, reabilitação e participação de pessoas com deficiência.

a ação do empregador na contratação de trabalhador com deficiência ou doença crónica e na sua readaptação profissional (nº 2).

Para tal, o empregador deve adotar medidas adequadas para que a pessoa com deficiência ou doença crónica tenha acesso a um emprego, o possa exercer e nele progredir, ou para que tenha formação profissional, exceto se tais medidas implicarem encargos desproporcionados (art. 86º, nº 1, CT). O Estado deve estimular e apoiar, pelos meios convenientes, a ação do empregador na realização dos objectivos referidos no número anterior (nº 2). Os encargos referidos no n.º 1 não são considerados desproporcionados quando forem compensados por apoios do Estado, nos termos previstos em legislação específica (nº 3). Podem ser estabelecidas por lei ou instrumento de regulamentação coletiva de trabalho medidas de proteção específicas de trabalhador com deficiência ou doença crónica e incentivos a este ou ao empregador, particularmente no que respeita à admissão, condições de prestação da atividade e adaptação de posto de trabalho, tendo em conta os respetivos interesses (nº 4).

2. A proteção especial dos trabalhadores representantes

A defesa e prossecução coletivas dos interesses dos trabalhadores pode ser conduzida por associações sindicais, comissões de trabalhadores e subcomissões de trabalhadores; representantes dos trabalhadores para a segurança e saúde no trabalho e outras estruturas previstas em lei específica, designadamente, conselhos de empresa europeus (art. 404º, do CT).

Em relação ao CT/2003, é de destacar, no CT/2009, a referência expressa aos representantes dos trabalhadores para a segurança e saúde no trabalho e a alusão a outras estruturas previstas em lei específica, como o conselho de trabalhadores na sociedade europeia ou na sociedade cooperativa europeia.

A CRP consagra expressamente o direito dos trabalhadores criarem "comissões para defesa dos seus interesses e intervenções democráticas na vida da empresa" (art. 54º).

As estruturas de representação coletiva dos trabalhadores, ainda que destituídas de personalidade jurídica, gozam de capacidade judiciária ativa e passiva (art. 2º-A, do CPT, aditado pelo Decreto-Lei nº 295/2009, de 13 de outubro).

Estes representantes beneficiam do seguinte regime especial:

– crédito de horas

O crédito de horas, conta como tempo de serviço efetivo, inclusivé para efeito de retribuição (art. 408º, nº 2, do CT), distribuído nos termos do art. 422º, nº 1, do CT, sendo de oito horas mensais (para as subcomissões de trabalhadores), vinte e cinco horas mensais (para as comissões de trabalhadores) e de vinte horas mensais (para as comissões coordenadoras).

Nas microempresas, o crédito de horas é reduzido a metade (n.º 2).

– faltas justificadas

As ausências ao trabalho no desempenho das funções de representação e que excedam o crédito de horas, consideram-se faltas justificadas e contam como tempo de serviço efetivo, salvo no que concerne à retribuição (art. 409.º, n.º 1, do CT). Relativamente aos delegados sindicais, apenas se consideram justificadas (para além do gozo do crédito de horas), as ausências motivadas pela prática de atos necessários e inadiáveis no exercício das suas funções (n.º 2).

– proteção em caso de procedimento disciplinar e despedimento

Nos termos do art. 410.º, n.º 1, do CT, a suspensão preventiva do trabalhador membro da estrutura de representação coletiva não impede que este tenha acesso a locais e a atividades associadas a essas funções.

Ainda, o despedimento de trabalhador que exerça ou haja exercido funções sindicais nos mesmos corpos sociais há menos de três anos presume-se feito sem justa causa (n.º 3).

– proteção em caso de transferência

Estes trabalhadores não podem ser transferidos de local de trabalho, sem o seu acordo (constituindo uma forte derrogação ao regime da transferência de local de trabalho, constante do art. 194.º, do CT), salvo quando a transferência resultar da extinção ou mudança total ou parcial do estabelecimento onde aqueles prestam serviço (art. 411.º, do CT).

3. A proteção dos trabalhadores vulneráveis em caso de despedimento ilícito

3.1. Trabalhadora grávida, puérpera ou lactante

Relativamente à indemnização por antiguidade, devida, em substituição da reintegração da trabalhadora, em caso de despedimento ilícito, esta é calculada entre 30 e 60 dias de retribuição-base e diuturnidades por cada ano completo ou fração de ano de antiguidade (art. 392.º, n.º 8, por remissão do art. 63.º, n.º 8, ambos do CT), não podendo ser inferior a seis meses (art. 392.º, n.º 3, do CT).

É excluído o direito de oposição pelo empregador à reintegração pedida pela trabalhadora (art. 63.º, n.º 8, do CT).

Ainda, e ao contrário, do regime geral, o despedimento presume-se feito sem justa causa (art. 63.º, n.º 2, do CT).

MANUAL DE DIREITO DA SEGURANÇA E SAÚDE NO TRABALHO

Ainda, sujeita-se o procedimento disciplinar, ao parecer prévio da entidade competente na área da igualdade de oportunidades entre homens e mulheres (CITE), nos termos do art. 63º, nº 1, do CT.

No caso de esta entidade emitir parecer desfavorável ao despedimento, este só pode ser realizado pelo empregador após decisão judicial que reconheça a existência de motivo justificativo (art. 63º, nº 6, do CT).

Por último, e no que diz respeito à suspensão judicial de despedimento (como providência cautelar que visa assegurar ao trabalhador um meio eficaz e útil de manutenção do direito à retribuição), só não será decretada se o parecer da Comissão para a Igualdade do Trabalho e no Emprego for favorável ao despedimento, e o tribunal considerar que existe probabilidade séria de verificação de justa causa (art. 63º, nº 7, do CT).

3.2. Trabalhadores representantes

O empregador pode, no decurso ou antes da realização da nota de culpa deduzida contra o trabalhador, suspendê-lo preventivamente, sem perda de retribuição, entendendo que a presença deste no local de trabalho é inconveniente para a produção da prova ou para as relações laborais (art. 354º, nº 1, do CT).

No entanto, a suspensão preventiva não impede que os trabalhadores tenham acesso aos locais e atividades que se compreendem no exercício normal dessas funções (art. 410º, nº 1, do CT).

Relativamente à indemnização por antiguidade, devida, em substituição da reintegração do trabalhador, em caso de despedimento ilícito, esta é calculada entre 30 e 60 dias de retribuição-base e diuturnidades por cada ano completo ou fração de ano de antiguidade, não podendo ser inferior a seis meses (art. 392º, nº 3, por remissão do art. 410º, nº 6, ambos do CT).

No que concerne à suspensão judicial de despedimento só não será decretada se o tribunal considerar que existe probabilidade séria de verificação de justa causa (art. 410º, nº 4, do CT).

Questiona-se se é admitido o direito de oposição do empregador à reintegração pedida pelo trabalhador.

Conforme já indicamos,[142] "O exercício deste direito sofre as seguintes limitações:

---

[142] *O regime jurídico dos despedimentos*, PAULA QUINTAS e HELDER QUINTAS, Almedina, 2005, p. 131.

O REGIME DE TUTELA DOS TRABALHADORES VULNERÁVEIS

- O empregador terá que provar que o regresso do trabalhador «é gravemente prejudicial e perturbador para a prossecução da atividade empresarial», atenta a qualidade do trabalhador, ou seja, essa perturbação só será atendível tratando-se do exercício de funções de administração ou direção (art. 392º, nº 1, 2ª parte, do CT). A qualidade do trabalhador é irrelevante tratando-se de micro-empresa, pois, atenta a sua dimensão, a lei considera haver suficiente perigo de perturbação (art. 392º, nº 1, 1ª parte, do CT).
- O fundamento da oposição é apreciado pelo tribunal, a fim de limitar a discricionariedade consentida por lei ao empregador, mas que pode ter sido subvertida.
- O direito de oposição é afastado sempre que a ilicitude do despedimento se funde em motivos políticos, ideológicos, étnicos ou religiosos, ainda que com invocação de motivo diverso (os chamados «despedimentos de tendência»), bem como no caso em que o tribunal considere que o fundamento da oposição foi culposamente criado pelo empregador numa derivação da figura do *venire contra factum proprium* (art. 392º, nº 2, do CT).

Consideramos que ao empregador é conferida a possibilidade de exercício de veto à reintegração, no caso de *representante sindical, membro de comissão de trabalhadores, membro de conselho de empresa europeu e representantes dos trabalhadores para a segurança e saúde no trabalho* por mera confrontação entre o art. 410º e o nº 8, do art. 63º, do CT.[143]

No que concerne ao trabalhador candidato a corpos sociais das associações sindicais, bem como do que exerça ou haja exercido funções nos mesmos corpos sociais há menos de 3 anos, o despedimento presume-se feito sem justa causa (art. 410º, nº 3, do CT).

As ações de impugnação judicial têm natureza urgente (art. 410º, nº 5, do CT).

4. Os trabalhadores vulneráveis e o tempo de trabalho

4.1. Introdução
O Código do Trabalho, nesta matéria, vem transpor a Diretiva nº 2003/88//CE do Parlamento Europeu e do Conselho, de 4 de novembro, relativa a determinados aspetos da organização do tempo de trabalho.

---

[143] *V.* nosso *Código do Trabalho Anotado*, p. 1266.

A Diretiva refere no respetivo preâmbulo, entres outros considerandos, que:

"(4) A melhoria da segurança, da *higiene* e de saúde dos trabalhadores no trabalho constitui um objetivo que não se pode subordinar a considerações de ordem puramente económica (...).

(7) os estudos efetuados demonstraram que, durante a noite, o organismo humano é mais sensível às perturbações ambientais e a certas formas penosas de organização do trabalho e que a prestação de longos períodos de trabalho noturno é prejudicial para a saúde dos trabalhadores e pode ameaçar a sua segurança no trabalho.

(8) Deve-se limitar a duração do trabalho noturno, incluindo as horas extraordinárias, e prever que, quando recorra regularmente ao trabalho noturno, a entidade patronal deve informar do facto as autoridades competentes, a pedido destas (...).

(11) Determinadas condições de trabalho podem ter efeitos prejudiciais para a segurança e a saúde dos trabalhadores. A organização do trabalho segundo um certo ritmo deve atender ao princípio geral da adaptação do trabalho ao homem."

O Código do Trabalho entende o tempo de trabalho como "qualquer período durante o qual o trabalhador exerce a atividade ou permanece adstrito à realização da prestação, bem como as interrupções e os intervalos previstos no número seguinte" (art. 197º, nº 1). Ou seja, o conceito de tempo de trabalho não está dependente apenas do conceito de efetividade de prestação, pois inclui, além do período de desempenho, o próprio tempo em que o trabalhador não presta serviço, mas mantém a disponibilidade para o trabalho nos termos previstos no nº 2.

O horário de trabalho é definido como a "determinação das horas de início e termo do período normal de trabalho diário e do intervalo de descanso, bem como do descanso semanal" (art. 200º, nº 1), delimitando o período de trabalho diário e semanal (nº 2).

Denomina-se período normal de trabalho, "o tempo de trabalho que o trabalhador se obriga a prestar, medido em número de horas por dia e por semana" (art. 198º, do CT).

Regimes especiais

Os progenitores de menor com deficiência ou doença crónica, com idade não superior a um ano, têm direito a redução de cinco horas do período normal de trabalho semanal, ou outras condições de trabalho especiais, para assistência ao filho (art. 54º, nº 1, do CT).

O trabalhador com filho menor de 12 anos ou, independentemente da idade, filho com deficiência ou doença crónica que com ele viva em comunhão de mesa e habitação tem direito a trabalhar a tempo parcial (art. 55º, nº 1, do CT)[144] ou com flexibilidade de horário (art. 56º, nº 1, do CT)[145].

O período normal de trabalho de menores não pode exceder oito horas diárias e quarenta horas semanais (art. 73º, nº 1, do CT).

Os instrumentos de regulamentação coletiva de trabalho devem reduzir, sempre que possível, os limites máximos dos períodos de trabalho do menor (nº 2). No caso de trabalhos leves efetuados por menores com idade inferior a 16 anos, o período normal de trabalho não pode ser superior a sete horas em cada dia, e trinta e cinco horas em cada semana (nº 3).[146]

4.2. A adaptabilidade do horário de trabalho

O período normal de trabalho "não pode exceder oito horas por dia nem quarenta por semana" (art. 203º, nº 1, do CT).

A adaptabilidade por regulamentação coletiva

Poderá, no entanto, tal período ser aumentado, por instrumento de regulamentação coletiva de trabalho até ao limite de 4h diárias, desde que a duração do trabalho não exceda as 60h, excetuadas as horas de trabalho suplementar prestado por motivo de força maior (art. 204º, nº 1, do CT).

O período normal de trabalho não pode exceder 50h em média num período de 2 meses (nº 2).

A adaptabilidade individual

A dilatação do período normal de trabalho também pode ocorrer por acordo entre o empregador e o trabalhador (art. 205º, nº 1, CT), até ao máximo de 2 horas, desde que não exceda as 50 horas semanais, só não contando para esse limite o trabalho suplementar prestado por motivo de força maior (nº 2).

---

[144] Cuja inobservância integra ilícito contra-ordenacional grave (arts. 55º, nº 8 e 554º, nº 3, do CT).

[145] Cuja inobservância integra ilícito contraordenacional grave (arts. 56º, nº 6 e art. 554º, nº 3, do CT).

[146] A inobservância dos nºs 1 ou 3, do preceito, integra ilícito contraordenacional grave (arts. 73º, nº 4 e 554º, nº 3, do CT).

A adaptabilidade grupal

Por instrumento de regulamentação coletiva (IRC), pode o regime da adaptabilidade coletiva, previsto no art. 204º, CT, ser aplicado pelo empregador ao conjunto dos trabalhadores de uma equipa, secção ou unidade económica, caso, pelo menos, 60% dos trabalhadores dessa estrutura sejam por ele abrangidos, mediante filiação em associação sindical celebrante da convenção e por escolha dessa convenção como aplicável e enquanto os trabalhadores da equipa, secção ou unidade económica em causa forem em número igual ou superior ao correspondente à percentagem nele indicada (art. 206º, nº 1, CT).

Dispensa de prestação

O *trabalhador menor* é dispensado da prestação de trabalho em regime de adaptabilidade, quando o mesmo puder prejudicar a sua saúde ou segurança no trabalho (art. 74º, nº 1, do CT), devendo-se, para o efeito ser submetido a exame de saúde previamente ao início da aplicação do horário em causa (nº 2)[147].

O *trabalhador com deficiência ou doença crónica* é dispensado da prestação em regime de adaptabilidade, se esta puder prejudicar a sua saúde ou segurança no trabalho (art. 87º, nº 1, al. *a*)), do CT)[148].

A *trabalhadora grávida, puérpera ou lactante* tem direito a ser dispensada de prestar a atividade em regime de adaptabilidade do período de trabalho (art. 58º, nº 1, do CT).[149] O nº 2, do mesmo preceito, refere que este direito se pode estender a ambos os progenitores em caso de aleitação, quando a prestação de trabalho nos regimes neles referidos afete a sua regularidade.

Quanto ao *trabalhador-estudante* não pode ser-lhe exigida a prestação de trabalho em regime de adaptabilidade, sempre que colidir com o seu horário escolar ou com a prestação de provas de avaliação (art. 90º, nº 6, do CT). No caso de este optar por realizar trabalho em regime de adaptabilidade, tem direito a um dia por mês de dispensa de trabalho, sem perda de quaisquer direitos, contando como prestação efetiva de serviço (nº 7).[150]

---

[147] A inobservância do preceito integra ilícito contraordenacional grave (arts. 74º, nº 3 e 554º, nº 3, do CT).

[148] A inobservância do preceito integra ilícito contraordenacional grave (arts. 87º, nº 3 e 554º, nº 3, do CT).

[149] A inobservância do preceito integra ilícito contraordenacional grave (arts. 58º, nº 3 e 554º, nº 3, do CT).

[150] A inobservância dos nºs 6 e 7, do preceito, integra ilícito contraordenacional grave (art. 90º, nº 9, do CT).

4.3. A alteração do horário de trabalho

A alteração de horário de trabalho deve ser precedida de consulta das entidades referidas no nº 2, do art. 217º, do CT.

O art. 217º, nº 3, do CT, que gerou grande controvérsia (ainda na versão do CT/2003), permite ao empregador proceder à alteração do horário de trabalho, prescindindo de consulta aos trabalhadores afetados, à comissão de trabalhadores ou, na sua falta, à comissão sindical ou intersindical ou aos delegados sindicais, contanto que a alteração do horário de trabalho não exceda uma semana e o empregador não recorra a este regime mais de três vezes por ano. A alteração deve ainda ser registada em livro próprio com a menção de que foi previamente informada (e consultada, se for o caso) a comissão de trabalhadores ou, na sua falta, a comissão sindical ou intersindical ou os delegados sindicais.

Nos termos do disposto no art. 217º, nº 4, do CT "não podem ser unilateralmente alterados os horários individualmente acordados".

Nos casos em que o horário de trabalho não foi negociado e acordado individualmente com o trabalhador, a lei faculta ao empregador o direito a proceder à respetiva alteração, quando necessária e conveniente, impondo um procedimento próprio para o efeito, que passa pela consulta das entidades referidas no nº 2, conforme já indicado.

As alterações que impliquem acréscimo de despesas para os trabalhadores conferem o direito a compensação económica (nº 5).[151]

Relativamente aos contratos a termo, o Código do Trabalho (ao contrário do regime anterior[152]), não obriga à estipulação do horário de trabalho, bastando a previsão do período normal de trabalho (art. 141º, nº 1, al. *c*), 2ª parte).

Continuamos a entender[153] que tal viola o princípio da determinabilidade do objeto negocial (art. 280º, nº 1, do CC), criando um ónus para o trabalhador no que concerne à angariação do posto de trabalho.

4.4. A penosidade no desempenho

4.4.1. Trabalho por turnos

Considera-se trabalho por turnos "qualquer modo de organização do trabalho em equipa em que os trabalhadores ocupem sucessivamente os mesmos

---

[151] A inobservância do preceito, integra ilícito contraordenacional grave (arts. 217º, nº 6 e art. 554º, nº 3, do CT).

[152] Correspondendo ao art. 42º, nº 1, al. *c*), da LCCT.

[153] Nosso *Código do Trabalho Anotado*, p. 471.

postos de trabalho, a um determinado ritmo, incluindo o rotativo, contínuo ou descontínuo, podendo executar o trabalho a horas diferentes num dado período de dias ou semanas" (art. 220º, do CT).

O trabalho por turnos surge da necessidade de assegurar um período de funcionamento do estabelecimento que ultrapassa os limites máximos dos períodos normais de trabalho (art. 221º, nº 1, do CT).

No que concerne à proteção em matéria de segurança e saúde, o empregador deve assegurar um nível de proteção adequado à natureza do trabalho exercido (art. 222º, nº 1, do CT).[154]

O trabalhador-estudante que preste serviço em regime de turnos, deve beneficiar de preferência na ocupação de posto de trabalho compatível com a sua qualificação profissional e coma frequência de aulas. (art. 90º, nº 4, do CT).[155]

4.4.2. Trabalho suplementar

Nos termos do disposto no art. 226º, do CT, considera-se trabalho suplementar o "prestado fora do horário de trabalho" (nº 1).

A motivação para a prestação do trabalho suplementar consta do art. 227º, do CT, que dispõe que este:

- "só pode ser prestado quando a empresa tenha de fazer face a acréscimos eventuais e transitórios de trabalho e não se justifique a admissão de trabalhador" (nº 1), neste caso, a prestação fica sujeita aos limites temporais decorrentes do nº 1 do art. 228º, do CT;
- "havendo motivo de força maior" (nº 2, 1ª parte),
- "quando se torne indispensável para prevenir ou reparar prejuízos graves para a empresa ou para a sua viabilidade" (nº 2, 2ª parte).

O trabalho suplementar prestado nos termos do nº 2 do art. 227º, do CT, não possui, aparentemente, qualquer limite temporal.

Verificando-se uma das condições indicadas, o trabalhador fica obrigado a realizar a prestação, sob pena de violação do dever de obediência que emana da relação laboral (arts. 227º, nº 3 e 128º, nº 1, al. *e*), ambos do CT).

Quanto ao *trabalhador-estudante* não pode ser-lhe exigida a prestação de trabalho suplementar, exceto por motivo de força maior, sempre que colidir com o seu horário escolar ou com a prestação de provas de avaliação (art. 90º,

---

[154] A inobservância do preceito, integra ilícito contraordenacional grave (arts. 222º, nº 3 e 554º, nº 3, do CT).

[155] Sob pena de ilícito contraordenacional grave (art. 90º, nº 9, do CT).

nº 6, do CT). No caso de este realizar trabalho suplementar, o descanso compensatório tem a duração de metade do número de horas prestadas (nº 8).

A prestação de trabalho suplementar tem os limites temporais fixados por lei, correspondendo a um acréscimo de:

- duas horas por dia normal de trabalho (art. 228º, nº 1, al. *d*), do CT);
- número de horas igual ao período normal de trabalho diário nos dias de descanso semanal (obrigatório[156] ou complementar[157]) e nos dias feriados[158] (al. *e*));
- número de horas igual a meio período normal de trabalho diário em meio dia de descanso complementar (sábado), nos termos da al. *f*));
- cento e setenta e cinco horas por ano (no caso de micro-empresa[159] e pequena empresa), e cento e cinquenta horas por ano (no caso de médias e grandes empresas), segundo, respetivamente, as als. *a*) e *b*).

A retribuição pelo trabalho suplementar, foi revista pela Lei nº 23/2012, de 25 de junho, que reduziu para metade os acréscimos retributivos da lei anterior. Assim, a retribuição especial é a seguinte (art. 268º):

- 25% pela primeira hora ou fração desta, em dia útil;
- 37,5% por hora ou fração subsequente, em dia útil;
- 50% por cada hora ou fração, em dia de descanso semanal, obrigatório ou complementar, ou em dia feriado.

O regime de descanso compensatório de trabalho suplementar foi igualmente revisto pela Lei nº 23/2012, de 25 de junho, que revogou a concessão de descanso compensatório em dia útil, em dia de descanso semanal complementar (sábado) e em dia ferido.

Hoje, o art. 229º, do CT, só prevê a atribuição de descanso compensatório remunerado ao trabalho prestado em dia se descanso semanal obrigatório (domingo), a gozar num dos três dias úteis seguintes (nº 4)[160].

---

[156] Nos termos do art. 232º, nº 1, do CT, o trabalhador tem direito a, pelo menos, um dia de descanso por semana, que só pode deixar de ser o domingo nos casos apresentados no nº 2º.
[157] Nos termos do nº 3, do art. 232º, do CT, pode ser instituído um período de descanso semanal complementar, contínuo ou descontínuo, em todas ou em determinadas semanas do ano.
[158] Os arts. 234º e 235º, do CT enumeram os feriados obrigatórios e facultativos.
[159] *V.* art. 100º, do CT, sobre o tipo de empresas.
[160] A inobservância do disposto no nº 4 integra ilícito contraordenacional muito grave (arts. 229º, nº 7 e 554º, nº 4, do CT).

Entendemos que a atribuição do dia de descanso compensatório é independente do dia de trabalho suplementar perfazer ou não um período normal de trabalho diário. Seja qual for a duração da prestação em dia de descanso semanal obrigatório, o trabalhador adquire o direito a um dia de descanso compensatório, pela gravosa afetação do dia de descanso.

Regimes especiais
Para certo tipo de trabalhadores, a lei admite uma exceção ao regime previsto no artigo 227º do CT, relativo à obrigatoriedade da generalidade dos trabalhadores de prestar trabalho suplementar. Trata-se assim de uma desobediência legítima, atenta a condição física especial do trabalhador.

A *trabalhadora grávida*, bem como o *trabalhador(a) com filho de idade inferior a 12 meses*, não está obrigado a prestar trabalho suplementar (art. 59º, nº 1, CT).

A *trabalhadora lactante* não está obrigada a prestar trabalho suplementar durante todo o tempo que dura a amamentação se for necessário para a sua saúde ou para a da criança (nº 2).[161]

Os *trabalhadores menores*, a quem a lei proíbe esse desempenho (art. 75º, nº 1)[162].

Ao *trabalhador com deficiência ou doença crónica*, é também legítima a recusa de prestação de trabalho suplementar (art. 88º, nº 1)[163].

4.4.3. Trabalho noturno
Na ausência de fixação por instrumento de regulamentação coletiva de trabalho, considera-se trabalho noturno o prestado entre as 22 horas de um dia e as 7 horas do dia seguinte (art. 223º, nº 2, do CT).

Regimes especiais
A *trabalhadora durante um período de 112 dias antes e depois do parto*, a *trabalhadora grávida* e a *trabalhadora lactante* estão dispensadas de prestação de trabalho entre as 20 horas e as 7 h (art. 60º, nº 1).

---

[161] A inobservância do preceito integra ilícito contraordenacional grave (arts. 59º, nº 3 e 554º, nº 3, do CT).

[162] A inobservância do preceito integra ilícito contraordenacional grave (arts. 75º, nº 4 e 554º, nº 3, do CT).

[163] A inobservância do preceito integra ilícito contraordenacional grave (arts 88º, nº 2 e 554º, nº 3, do CT).

Devendo, em alternativa, ser atribuído um horário diurno compatível (nº 2)[164].

Aos *trabalhadores menores com idade inferior a 16 anos*, é proibida a prestação de trabalho entre as 20h e as 7 horas do dia seguinte (art. 76º, nº 1, CT).

Aos *trabalhadores menores com idade igual ou superior a 16 anos* é proibida a prestação entre as 22 horas de um dia e as 7h de outro (nº 2), salvo o disposto no nº 3, devendo a prestação ser vigiada por num adulto (nº 4)[165].

Os *trabalhadores com deficiência ou portadores de doença crónica* estão dispensados da prestação de trabalho entre as 20h de um dia e as 7h do dia seguinte (art. 87º, nº 1, al. *b*), do CT), devendo ser submetido a exame de saúde prévio que comprove que tal iria prejudicar a sua saúde e segurança (nº 2)[166].

---

[164] A inobservância do disposto nºs 1 e 2 integra ilícito contraordenacional grave (arts. 60º, nº 7 e 554º, nº 3, do CT).

[165] A inobservância do disposto nºs 1, 2 ou 4 integra ilícito contraordenacional grave (arts. 76º, nº 6 e 554º, nº 3, do CT).

[166] A inobservância do preceito integra ilícito contraordenacional grave (arts. 87º, nº 3 e 554º, nº 3, do CT).

Capítulo VIII
Os acidentes de trabalho

1. Nota prévia

O regime dos acidentes de trabalho baseia-se no princípio da responsabilidade objetiva (independente de culpa) da entidade empregadora; apenas as doenças profissionais estão integradas no sistema de segurança social. Assim, o regime geral de segurança social (RGSS) garante a proteção na doença profissional, mas em relação aos acidentes de trabalho os empregadores privados são obrigados a celebrar contratos de seguro com entidades seguradoras, transferindo para estas a responsabilidade da sua reparação.

A Constituição da República Portuguesa consagra, como direito fundamental de natureza económica, o direito do trabalhador à "assistência e justa reparação quando vítima de acidente de trabalho ou de doença profissional" (art. 59º, nº 1, al. *f*)) e como direito fundamental de natureza social, o direito a um sistema de segurança social que o proteja "na doença" e "invalidez (...) e em todas as situações de falta ou diminuição de (...) capacidade para o trabalho" (art. 63º, nº 3).

O CT/2009, estabelece princípios gerais em matéria de acidentes de trabalho e doenças profissionais, remetendo o art. 284º do mesmo diploma para concretização e desenvolvimento através de "legislação específica" (art. 283º).

Essa legislação específica corresponde à Lei nº 98/09, de 04/097, que regulamenta o regime de reparação de acidentes de trabalho e de doenças profissionais, incluindo a reabilitação e reintegração, nos termos do artigo 284º do CT, revogando a Lei nº 100/97, de 13/09[167], o Decreto-Lei nº 143/99, de 30/04, e o Decreto-Lei nº 248/99, de 02/07[168].

ROMANO MARTINEZ pontua que,[169] "Em Portugal, a primeira regulamentação aparece com a Lei nº 83, de 24 de julho de 1913 (regulada pelos Decretos nºs 182, de 18 de outubro e nº 183, de 24 de outubro de 1913), em que se estabelecia uma responsabilidade sem culpa, em particular, quando os acidentes eram causados por máquinas, mas não abrangia as doenças profissionais. Este diploma foi secundado pelo Decreto nº 5637, de 10 de maio de 1919, que generalizou a responsabilidade pelo risco a várias profissões e instituiu a obrigatoriedade do seguro. Posteriormente, com a Lei nº 1942, de 27 de julho de 1936 (regulamentada pelo Decreto nº 27649, de 12 de abril de 1937) a figura dos acidentes de trabalho passou a ter um tratamento legislativo mais pormenorizado. A Lei nº 2127, de 3 de agosto de 1965, regulamentada pelo Decreto nº 360/71, de 21 de agosto, limitou-se a introduzir aperfeiçoamentos com respeito à anterior e vigorou até 1994.

A Lei nº 100/97, de 13 de setembro, regulamentada pelo Decreto-Lei nº 143/99, de 30 de abril, que não alterou substancialmente o regime até então vigente, entrou em vigor no dia 1 de janeiro de 2000". Até ser revogada, conforme já referido, pela Lei nº 98/2009, de 4 de setembro.

---

[167] A qual revogou a Lei nº 2127, de 3 de agosto de 1965.

[168] Além da Lei nº 98/2009, de 04/09 – Lei dos acidentes de trabalho e doenças profissionais (LAT); são diplomas relevantes: a Lei nº 27/2011, de 16/06, que estabelece o regime da reparação dos acidentes de trabalho e doenças profissionais dos praticantes desportivos profissionais; o Decreto-Lei nº 142/99, de 30/04, alterado pelo Decreto-Lei nº 382-A/99, de 22/09, e pelo Decreto-Lei nº185/2007, de 05/10 (Cria o Fundo de Acidentes de Trabalho); o Decreto-Lei nº 352/2007, de 23/10 (Tabela Nacional de Incapacidades por acidente de trabalho; o Decreto Regulamentar nº 76/2007, de 17/07 (Lista das doenças profissionais), o Decreto-Lei nº 159/99, de 11/05 alterado pelo DL nº 382-A/99, de 22/09 (Regulamento do seguro de acidentes de trabalho para os trabalhadores independentes); o Decreto-Lei nº 503/99, de 20/11, na redação dada pela Lei nº 82-B/2014, de 31/12 (Regime jurídico dos acidentes em serviço e doenças profissionais no âmbito da Administração Pública); o Decreto-Lei nº 2/82, de 05/01 (Participação obrigatória de doenças profissionais); a Portaria nº 11/2000, de 13/01 (Bases técnicas aplicáveis ao cálculo do capital de remição das pensões, aos valores do caucionamento das pensões a cargo das entidades empregadoras); o Decreto-Lei nº 72/2008, de 16/04 (Regime jurídico do contrato de seguro); a Portaria nº 256/2011, de 05/07 (Parte uniforme das condições gerais da apólice de seguro obrigatório de acidentes de trabalho para trabalhadores por conta de outrem, e respetivas condições especiais uniformes).

[169] *Direito do Trabalho*, p. 719.

O Código do Trabalho na linha da atual LAT pretende atuar mais a montante do que a jusante, assumindo uma natureza essencialmente preventiva e de reinserção, e não meramente reparatória.

A responsabilidade pelos acidentes de trabalho caracteriza-se maioritariamente[170] entre nós, como de natureza extracontratual e objetiva, assente na teoria do risco e com limites indemnizatórios determinados pela tipificação de danos de acordo com a TNI.

Sensível ao regime especial de responsabilidade civil dos acidentes de trabalho, JÚLIO GOMES, conclui: "a circunstância de se visar uma reparação limitada dos danos (de apenas alguns danos) não exclui, na nossa opinião, a qualificação como responsabilidade civil. Nem tão-pouco exclui a natureza por assim dizer instrumental desta; efetivamente, não temos dúvidas de que esta hipótese de responsabilidade civil é instituída para garantir a posição do trabalhador, mas não nos parece que tal circunstância afaste a sua qualificação como responsabilidade civil. Pode, porventura, traçar-se um paralelo com a responsabilidade do comitente pelos atos do comissário: trata-se de uma modalidade de responsabilidade objetiva cuja inserção nos quadros da responsabilidade pelo risco é duvidosa e que parece desempenhar uma função de garantia para terceiros. Também aqui a lei atribui a responsabilidade por acidentes de trabalho ao empregador com um escopo de garantia; e se quiser falar de risco o risco em jogo parece ser o da colocação da prestação de trabalho no mercado – além da retribuição, contrapartida direta da disponibilidade oferecida pelo trabalhador, o empregador, por imposição legal, garante o trabalhador perante lesões de que possa resultar uma perda de capacidade de trabalho ou ganho".

Sobre o regime especial da responsabilidade limitada, esclarece ROMANO MARTINEZ,[171] "a responsabilidade não é ilimitada, mas o limite é fixado com base em dois aspetos. Primeiro, na noção legal de acidente de trabalho, que é delimitada pelo legislador. Segundo, a reparação só abrange as despesas respeitantes ao restabelecimento do estado de saúde, à recuperação da capacidade de trabalho e de ganho e, em caso de incapacidade ou de morte, indemnizações correspondentes a redução da capacidade, subsí-

---

[170] V. LÚIS MANUEL MENEZES LEITÃO, *O regime jurídico dos acidentes de trabalho é estranho ao instituto da responsabilidade civil – Acidentes de Trabalho e responsabilidade civil*, ROA, 1988, Ano 48, nº 3, pp. 773.

[171] *Direito do Trabalho, op. cit.*, p. 737.

dios de readaptação, pensões aos familiares e despesas de funeral (...). Não estão, assim, cobertos outros danos patrimoniais para além dos indicados no artigo 10º LAT, por exemplo, se o relógio do trabalhador se estragou por causa do acidente. Não são igualmente indemnizáveis os danos não patrimoniais, pois tais prejuízos não fazem parte do elenco constante do (então) art. 10º LAT".

Continua o (polémico) «esquecimento» dos danos morais sofridos pelo trabalhador vítima de acidente de trabalho, sobrevalorizada como está a sua «integridade produtiva».[172]

2. Sujeitos abrangidos

A LAT concede direito à reparação aos trabalhadores por conta de outrem, independentemente da atividade exercida (âmbito horizontal), e havendo ou não exploração com fins lucrativos (art. 3º, nº 1).

O nº 3 estende o regime ao "praticante, aprendiz e estagiário", nas situações aí previstas.

No corpo do art. 283º, do CT, só se protege o trabalhador vinculado por um contrato de trabalho.

Os restantes casos igualmente reparáveis são agora acolhidos através de uma norma de extensão, conforme indicado no art. 4º da Lei Preambular ao CT.

Assim, também se considera que o regime de reparação é devido, nas seguintes situações:

i) ao praticante, aprendiz, estagiário e demais situações que devam considerar--se de formação profissional (art. 4º, nº 1, al. *a*), da LP);

O regime jurídico da aprendizagem consta do Decreto-Lei nº 396/ /2007, de 31 de dezembro, que estabeleceu o Regime Jurídico do Sistema Nacional de Qualificação.

A aprendizagem é definida como o "processo mediante o qual se adquirem conhecimentos, aptidões e atitudes, no âmbito do sistema educativo, de formação e da vida profissional e pessoal" (art 3º, al. *a*)).

---

[172] Conforme nosso *Código do Trabalho Anotado*, p. 783.

O estágio profissional, é definido na Portaria 92/2011, de 28 de fevereiro[173] como "a etapa de transição para a vida ativa que visa complementar uma qualificação preexistente através de formação e experiências prática em contexto laboral e promover a inserção de jovens ou a reconversão profissional de desempregados (art. 1º, nº 1).[174]

A formação profissional está prevista no art. 130º, do CT.

A Lei nº 28/1998, de 26 de Junho estabelece um novo regime jurídico do contrato de trabalho do praticante desportivo e do contrato de formação desportiva, com o aditamento da Lei nº 114/99 de 3 de agosto.

ii) *aos administradores, diretores, gerentes ou equiparados que, sem contrato de trabalho, sejam remunerados por essa atividade* (art. 4º, nº 1, al. *b*), da LP);

iii) *ao prestador de trabalho, sem subordinação jurídica, que desenvolve a sua atividade na dependência económica, nos termos do artigo 10º do CT* (art. 4º, nº 1, al. *c*), da LP);[175]

Quanto aos trabalhadores que exerçam uma atividade por conta própria, devem efetuar um seguro que garanta o pagamento das prestações devidas, nos termos conferidos aos trabalhadores contemplados no nº 1 (art. 4º, nº 2, da LP do CT).[176]

---

[173] Alterada pelas Portarias nº 309/2012, de 09.10; 3-B/2013, de 04.01 e nº 120/2013, de 26.03.

[174] Não são abrangidos pela Portaria os estágios que tenham como objetivos o cumprimento de requisitos para acesso a títulos profissionais, nem os estágios curriculares de qualquer curso (nº 2), bem como os estágios cujo plano requeira um perfil de formação e competência nas áreas da medicina e da enfermagem" (nº 3).

[175] Pode-se apresentar como exemplos deste tipo de relação, a que é estabelecida por contratos de mandato e de empreitada.

[176] Jurisprudência:

"*É reparável, nos termos da LAT o acidente de trabalho sofrido por um trabalhador independente, na sua própria casa, quando ali trabalhava no seu ramo de atividade para si mesmo, se ao tempo mantinha com uma seguradora um contrato de seguro válido*".

(Ac. RC, de 10.02.2005, CJ, Ano XXX, T. I, p. 60)

3. Noção

O art. 8, nº 1, da Lei nº 98/2009, de 4 de setembro define acidente de trabalho como um:

i) sinistro (acontecimento súbito e imprevisto) sofrido pelo trabalhador,

ii) verificado no local e tempo de trabalho,

iii) que provoque direta ou indiretamente um determinado dano (lesão corporal, perturbação funcional, doença que determine redução na capacidade de trabalho ou de ganho ou a morte do trabalhador),[177]

iv) havendo entre o evento e o resultado um nexo causal.[178]

---

[177] Sobre a necessidade da produção de um dano de que resulte redução na capacidade de trabalho ou de ganho ou a morte, e no sentido afirmativo, JÚLIO GOMES considera que "para que um acidente possa ser considerado um acidente de trabalho é necessário que produza uma lesão (...), de que resulte redução na capacidade de trabalho ou de ganho ou a morte. Caso essa lesão não se verifique ou verificando-se ela não acarrete, contudo, qualquer perda na capacidade de trabalho ou de ganho, parece-nos não poder falar-se sequer, em rigor de um acidente de trabalho".

Jurisprudência:

1) *"I – Do acidente resultaram para a sinistrada traumatismo craniano e cervical com fratura de vértebra cervical, lesões que obrigaram a internamento hospitalar e intervenção cirúrgica no dia 30.01.2001.*

II – Após o internamento a sinistrada ficou em situação ambulatória, com ITA até 13.2.2001, dia em que faleceu, tendo a sua morte resultado de uma embolia pulmonar.

III – Cabia à seguradora a prova de que a embolia pulmonar que vitimou a sinistrada não foi consequência das lesões produzidas pelo acidente, por aplicação do disposto no nº 5 do art. 6º da LAT e nº 1 do artigo 7º do DL 143/99, que a regulamentou."

(Ac. STJ, de 03.12.2003, CJ, Ano XI, T. III, p. 289)

2) *"I – Provado que a septicemia foi a causa próxima da morte do sinistrado e que houve uma relação de causalidade, embora não direta, entre as lesões sofridas no acidente e aquela doença, tem de considerar-se verificado o elemento causal caracterizador do acidente de trabalho.*

II – Não se provando qualquer relação entre os males da vítima anteriores ao acidente – hepatites B e C, toxicodependência, veias do braço dilatadas com abcesso – e a septicemia que o vitimou, não se pode concluir que as lesões sofridas no acidente foram agravadas por doença anterior."

(Ac. STJ, de 04.06.2003, CJ, Ano XI, T. II, p. 273)

[178] *I – O nosso sistema positivo acolheu a "teoria de causalidade", consignada no art. 563º, do Código Civil, de acordo com a qual a adequação relevante não é aquela que se basta com o simples confronto entre o facto e o dano isoladamente considerados mas, pelo contrário, aquela que atende a todo o processo causal que, na prática, conduziu efetivamente ao dano, daí que como fundamento da reparação se exija que o comportamento do agente seja abstrata e concretamente adequado a produzir e efeito lesivo.*

A noção de acidente de trabalho, se associada no início da sua formulação à teoria do *risco profissional* (o risco específico inerente ao trabalho), acabou por consagrar a teoria da autoridade (alargando-se, desde modo, o alcance do risco, admitindo-se o *risco genérico*), admitindo-se a responsabilidade por atos ocorridos durante o trajeto para o trabalho, em atos preparatórios ao início da prestação laboral, em atos pedidos pelo empregador fora do local e tempo de trabalho[179].

Assim, pode ocorrer uma ausência de nexo causal direto entre o evento lesivo e o trabalho em execução[180].

A distinção entre incapacidade de ganho e incapacidade de trabalho assenta na incapacidade permanente absoluta para todo e qualquer trabalho, quanto à primeira; na incapacidade permanente absoluta para o trabalho habitual, quanto à segunda.

O requisito *local de trabalho* abrange as deslocações em virtude do trabalho, dentro da sujeição à *auctoritas* do empregador (art. 8º, nº 2, al. *a*), da LAT).[181]

II – Resultando provado que o cumprimento das regras da imobilização dos tubos e de isolamento da área onde estavam a ser efetuados os trabalhos de colocação, em altura, dos aludidos tubos seria idóneo a impedir a verificação do acidente e que o incumprimento dessas regras foi causa necessária e adequada à ocorrência, por um lado, da queda do tubo que não estava seguro – que veio a atingir o sinistrado – e, por outro lado, determinou que o sinistrado laborasse precisamente na área que deveria estar isolada, vulnerável a perigos que, efetivamente, se vieram a traduzir em reais danos, está verificado o nexo causal entre o facto e o evento lesivo, in casu, a morte do sinistrado, a demandar a responsabilidade agravada do empregador. Recurso nº 289/09.0TTSTB.E1.S1, de 29-03-2012 – 4.ª Secção

Disponível em http://www.stj.pt/ficheiros/jurisp-sumarios/social/social2012.pdf

[179] Sobre toda a problemática inerente à adoção de cada uma das teorias, *v.* JÚLIO GOMES, *op. cit.*, pp. 34-44.

[180] CARLOS ALEGRE, *Acidentes de trabalho e doenças profissionais – regime jurídico anotado*, 2ª ed., Almedina, 2001 p. 41, explica: "o risco assumido não tem a natureza do risco específico, mas a o risco genérico ligado ao conceito de autoridade patronal".

Assim, "o acidente de trabalho não se reduz, no nosso ordenamento, ao acidente ocorrido na execução do trabalho, nem havendo sequer que exigir uma relação causal entre o acidente e essa mesma execução do trabalho. Poderão ser acidentes de trabalho múltiplos acidentes em que o trabalhador não está, em rigor, a trabalhar, a executar a sua prestação, muito embora se encontre no local de trabalho e até no tempo de trabalho, pelo menos para este efeito da reparação dos acidentes de trabalho", JÚLIO GOMES, *op. cit.*, p. 97. O autor apresenta vários exemplos desta extensão, a pp. 97-102.

[181] Jurisprudência:

1) *"I – Na qualificação de um acidente como acidente de trabalho deve atender-se à interpretação, de acordo com a teoria do risco económico ou de autoridade, segundo a qual não é exigível a verificação*

CARLOS ALEGRE[182], apoiando-se na *teoria da autoridade*, considera que esta se exerce:

do nexo de causalidade entre a prestação do trabalho em concreto e o acidente, bastando que esta se verifique no local e tempo de trabalho ou equivalentes legais.

II – No entanto, no caso de um acidente que tenha ocorrido no local e no tempo de trabalho e que se tenha traduzido num dano corporal do trabalhador quando este se dispôs, sem qualquer relação com o trabalho, a permitir que um profissional de segurança lhe fizesse uma demonstração de defesa pessoal, causando-lhe um torção do pulso, o acidente deve considerar-se descaracterizado, não havendo lugar à sua reparação como acidente de trabalho.

III – Nessas circunstâncias., é de entender que o trabalhador sinistrado teve um comportamento temerário em alto e relevante grau, expondo, por culpa exclusiva, a sua integridade física a um risco desnecessário, tendo o acidente ocorrido exclusivamente por negligência grosseira da sua parte".

(Ac. RL, de 19.05.2010, in CJ, Ano XXXV, T. III/ 2010, p. 152).

2) *"(...) II – O termo "representante" do empregador, a que alude o art. 18º, nº 1, da LAT, aplica-se às pessoas que gozem de poderes representativos de uma entidade empregadora e atuem nessa qualidade, abrangendo normalmente os administradores e gerentes da sociedade, cujas características preenchem, as próprias do mandato, e ainda quem no local de trabalho exerça poder de direção.*

III – Num caso em que o encarregado geral e o encarregado de segurança de empregador omitiram, perante incêndio num silo de fábrica daquele, o chamamento dos bombeiros e tendo determinado aos trabalhadores que fossem apagar o fogo, sabendo que não tinham formação para o efeito e nem sequer usavam roupas apropriadas, está verificada a violação das regras de segurança no trabalho.

IV – No juízo de preenchimento do nexo causal entre a violação das regras de segurança no trabalho e o acidente de trabalho, como pressuposto da responsabilização a título principal e agravado do empregador, há que fazer apelo à teoria da causalidade adequada, consagrada no art. 563º, do Código Civil, teoria segundo a qual para que um facto seja causa de um dano é necessário que, no plano naturalístico, ele seja condição sem a qual o dano não se teria verificado e, em abstrato ou em geral, seja causa do mesmo".

(Ac. STJ, de 03.02.2010, CJ, ASTJ, Ano XVII, T. I/2010, p. 237)

3) *"I – A nova LAT consagra uma noção de local de trabalho mais ampla do que a fixada na Lei nº 2127, de 3/8/65.*

II – É acidente de trabalho indemnizável o sofrido por um servente duma máquina de espalhamento de betuminoso, que foi colhido por um cilindro durante trabalhos de repavimentação duma estrada."

(Ac. RC, de 25.03.2004, CJ, ANO XXIX, T. II, p. 57)

4) *"I – Um gerente administrador duma empresa está sempre ao serviço da mesma onde quer que se encontre no desempenho de tarefas e interesses da sua empregadora e próprios da sua profissão.*

II – É acidente de trabalho o que ocorreu com o gerente – administrador, quando ele conduzia uma viatura automóvel e regressava a casa depois de ter transportado um dos melhores clientes da empresa ré".

(Ac. STJ, de 21.05.2003, CJ, Ano XI, T. II, p. 256)

5) *"Se o sinistrado caiu quando ia buscar água e esta era necessária ao serviço de pedreiro, todo o percurso feito entre o lugar da execução material do trabalho de pedreiro e a torneira de água tem de ser considerado, para efeitos de acidente de trabalho, como local de trabalho".*

(Ac. STA, de 12.06.1995, CJ, Ano VII, T. II, p. 198)

[182] *Op. cit.*, p. 42.

- "nas dependências de laboração ou exploração propriamente ditas;
- nos locais acessórios, como lavabos, vestiários, refeitórios, etc.;
- nas estâncias de repouso, em virtude das interrupções diárias;
- nos acessos diretos à exploração, desde que não tenham o estatuto de públicas ou de acesso livre a qualquer pessoa;
- nos locais reservados, onde os trabalhadores normalmente não têm acesso, desde que este não seja expressa e rigorosamente interdito;
- nas dependências habitacionais postas à disposição dos trabalhadores, no perímetro de exploração da empresa: camaratas, quartos, etc."

Completando esta visão ampla, esclarece JÚLIO GOMES[183], que "o local de trabalho pode ser muito amplo, dependendo em concreto das funções exercidas pelo trabalhador. Certos trabalhadores, mormente vendedores, pessoal encarregado da montagem ou da reparação de certas máquinas ou outros equipamentos, motoristas, mas também artistas e pessoal de espetáculo, terão que deslocar-se com frequência, em trabalho, a locais mais ou menos variados".

O requisito tempo de trabalho tem subjacente (art. 8º, nº 2, al. *b*)):

- a prestação laboral durante o período normal de laboração/funcionamento do estabelecimento;
- o tempo que precede o início da referida prestação, em atos de preparação ou relacionados com a prestação de trabalho (*v.g.*, preparação dos materiais usados no processo de fabrico);
- o período seguinte ao tempo de trabalho propriamente dito, em atos relacionados com a prestação (*v.g.*, mudança de roupa);
- as interrupções normais ou forçosas de trabalho (*v.g.*, interrupção do fornecimento de eletricidade, programação de equipamentos).

---

[183] *Op. cit.*, p. 109.

4. Extensão do conceito

Nos termos do art. 9º, nº 1, da LAT, considera-se também acidente de trabalho:

– O ocorrido de ida para o local de trabalho ou de regresso deste (al. *a*));

Trata-se do denominado acidente *in itinere*, que ocorre no percurso normal, utilizado pelo trabalhador, seja da sua residência (habitual ou ocasional, neste último caso, por força do desempenho laboral) para o local de trabalho; seja do local de trabalho para a sua residência[184].

Para completude do sentido do acidente *in itinere*, o nº 2, do art. 9º, consagra que:

"A alínea *a*) do número anterior compreende o acidente de trabalho que se verifique nos trajetos normalmente utilizados e durante o período de tempo habitualmente gasto pelo trabalhador:

a) Entre qualquer dos seus locais de trabalho, no caso de ter mais de um emprego;

---

[184] Jurisprudência:

"I – É considerado acidente de trabalho o acidente de trajeto que ocorra entre o local de trabalho e a residência do trabalhador, desde que se verifiquem as circunstâncias previstas na al. a), do nº 2, do art. 6º da Lei nº 100/97 e nºs 2, al. a) e 3 do art. 6º do Decreto-Lei nº 143/99.

II – Residência habitual consubstancia-se no local onde uma pessoa singular normalmente vive e de onde se ausenta, em regra, por períodos mais ou menos curtos.

III – O atestado de residência emitido pelo Presidente da Junta de Freguesia constitui um documento autêntico (art. 369º CC), mas apenas faz prova plena dos factos que refere como praticados pela autoridade pública ou pela mesma percecionados, mas já não a veracidade do que se atesta.

IV – Existindo nos autos documentos particulares também com força probatória plena (art. 376º, CC), que contrariam as declarações constantes do atestado de residência permanente, devem ser considerados provados os factos que mais desfavorecem o Autor (nº 2, do art. 376º).

V – Tendo a conduta rodoviária do Autor, na ocasião do sinistro, sido violadora, de forma grave, porque reveladora de um excessivo grau de imprudência, de normas estradais reguladoras do tráfego rodoviário e da segurança nas estradas, constituindo aquela, por outo lado, a causa exclusiva do acidente de viação em questão, estamos face a uma situação de negligência grosseira que excluiria, de qualquer forma, o direito à reparação prevista para os acidentes de trabalho".

(Ac. RE, de 1 de outubro de 2013, CJ, nº 249, Ano XXXVIII, T. IV/2013, p. 255)

b) Entre a sua residência habitual ou ocasional[185] e as instalações que constituem o seu local de trabalho;

c) Entre qualquer dos locais referidos na alínea precedente e o local do pagamento da retribuição;

d) Entre qualquer dos locais referidos na alínea *b)* e o local onde ao trabalhador deva ser prestada qualquer forma de assistência ou tratamento por virtude de anterior acidente;

e) Entre o local de trabalho e o local da refeição;

f) Entre o local onde por determinação do empregador presta qualquer serviço relacionado com o seu trabalho e as instalações que constituem o seu local de trabalho habitual ou a sua residência habitual ou ocasional".

O n.º 3, refere que, "Não deixa de se considerar acidente de trabalho o que ocorrer quando o trajeto normal tenha sofrido interrupções ou desvios determinados pela satisfação de necessidades atendíveis do trabalhador, bem como por motivo de força maior ou por caso fortuito"[186].

---

[185] Sobre a dificuldade de definir residência ocasional, *v.* CARLOS ALEGRE, *op. cit.*, p. 183: "Uma residência nestas condições, é, por natureza, temporária ou de curta duração e pode ir desde a casa onde se passam as férias, ao hotel onde se pernoita durante um ou mais dias, por força da atividade laboral ou, tão somente, de necessidades da vida privada".

[186] Sobre a relação matemática entre o trajeto normal e o trajeto verificado, JÚLIO GOMES, *op. cit.*, p. 185, nota 427, cita o exemplo da jurisprudência belga, que procedendo a uma comparação em termos relativos, entende que um desvio de 1 km será importante num trajeto de 2 km, mas já não será relevante num trajeto de 20 km ou 30 km.

Jurisprudência:

1). *"I – No dia 24 de setembro de 1998, findo o dia de trabalho o autor iniciou o percurso de regresso a casa na sua motorizada, parou num café situado à beira da estrada, do lado direito do trajeto, após aí ter permanecido acerca de 20 m minutos, retomou a sua marcha tendo sido atropelado, por um veículo ligeiro, em frente ao café.*

II – A aludida interrupção do percurso normal, com o consequente curto prolongamento da sua duração, não tem, pela insignificância do agravamento do risco, a virtualidade de excluir o acidente sofrido pelo autor da garantia do seguro".

(Ac. STJ, de 05 de maio de 2004, CJ, ano XII, T. II, p. 260)

2). *"Não se acha descaracterizado, enquanto acidente de trabalho, o acidente sofrido por uma trabalhadora a caminho de casa, onde ia almoçar, quando seguia num seu ciclomotor na parte central da sua hemifaixa de rodagem, numa via estreita, a uma distância de 4,75 metros dum veículo que o precedia e que, para se desviar do mesmo, após uma paragem deste, fletiu para a esquerda, indo*

E, o n.º 4, indica que "No caso previsto na alínea *a*) do n.º 2, é responsável pelo acidente o empregador para cujo local de trabalho o trabalhador se dirige".

Mesmo quando a normalidade do trajeto é posta em causa, no entender de JÚLIO GOMES[187], seria excessivo privar o trabalhador da necessária tutela. O Autor dá como exemplos, um trajeto à boleia do empregador ou a partilha por vários trabalhadores da mesma viatura.

CARLOS ALEGRE[188] considera que, nesta "matéria é costume (e talvez necessário) distinguir o risco genérico – que impende indiscriminadamente sobre trabalhadores, no exercício da sua atividade profissional e, também, sobre a generalidade das outras pessoas, estranhas, portanto, às condições do trabalho – o risco específico – que resulta das próprias condições do trabalho e, atinge, exclusivamente, quem o executa – e risco genérico agravado – a que estão expostas, em maior medida do que as pessoas estranhas à profissão, os trabalhadores, na medida em que isso implica o agravamento do risco comum a todos os indivíduos".

– O acidente ocorrido na execução de serviços espontaneamente prestados pelo trabalhador e de que possa resultar proveito económico para o empregador (art. 9.º, n.º 1, al. *b*));

O referido proveito económico não tem que ser efetivo, pode ser meramente eventual, o que releva é a atuação do trabalhador tendente a alcançar esse objetivo. Neste caso, prescinde-se da *auctoritas* laboral e da contextualização tempo e lugar de trabalho.[189]

---

embater com o seu braço esquerdo num outro veículo que circulava em sentido oposto e que se acabava de cruzar com o veículo parado.

(Ac. RC, de 27 de novembro de 2003, CJ, ano XXVIII, T. V, p. 62)

[187] *Op. cit.*, p. 179.

[188] *Op. cit.*, p. 50.

[189] Jurisprudência:

"I – É acidente de trabalho indemnizável o sinistro mortal ocorrido quando um guarda de uma herdade, de sua livre e espontânea iniciativa, conduzia um trator do seu empregador equipado com grades de risco, em tarefas de gradagem de terreno e de feitura de aceiros, na tentativa de impedir a progressão dum incêndio que deflagrava em herdade contígua àquela onde trabalhava.

II – O referido acidente enquadra-se na previsão da al. c) do n.º 2 da Base V da Lei n.º 2127, de 03.08.1965, uma vez que da atuação espontânea da vítima podia resultar proveito económico da sua entidade patronal".

(Ac. RE, de 20.03.2001, CJ, Ano XXVI, T. II, p. 272)

OS ACIDENTES DE TRABALHO

–– O acidente ocorrido no local de trabalho, quando no exercício do direito de reunião ou de atividade de representante dos trabalhadores, nos termos previstos no art. 419º, do CT (art. 9º, nº 1, al. *c*));

– O acidente no local de trabalho, quando em frequência de curso de formação profissional ou, fora do local de trabalho, quando exista autorização expressa do empregador para tal frequência (art. 9º, nº 1, al. *d*));

– No local de pagamento da retribuição, enquanto o trabalhador aí permanecer para tal efeito (art. 9º, nº 1, al. *e*));

– No local onde o trabalhador deva receber qualquer forma de subsistência ou tratamento em virtude de anterior acidente e enquanto aí permanecer para esse efeito (art. 9º, nº 1, al. *f*));

– Em virtude de procura de emprego durante o crédito de horas para tal concedido por lei aos trabalhadores com processo de cessação de contrato de trabalho em curso (art. 9º, nº 1, al. *g*));
O crédito de horas é aplicável no despedimento colectivo (art. 364º, CT), no despedimento por extinção de posto de trabalho (art. 372º, CT) e no despedimento por inadaptação (art. 379º, CT).

– O acidente fora do local ou do tempo de trabalho, quando verificado na execução de serviços determinados pelo empregador ou por este consentidos (art. 9º, nº 1, al. *h*)).

5. Exclusão e redução da responsabilidade

O regime do art. 14º, da LAT, corresponde ao art. 7º, nº 1, da LAT anterior.

A figura descaracterização do acidente de trabalho foi retomada.

O empregador não tem de indemnizar os danos decorrentes do acidente que:

i) for dolosamente[190] provocado pelo sinistrado ou provier de seu ato ou omissão, que importe violação, sem causa justificativa,[191] das

---

[190] O dolo aqui exposto é o dolo penal, ou seja, conjuga o elemento volitivo (vontade) com o elemento consciente (realização do resultado). Por ex. mutilação intencional.

[191] Com claro conhecimento do perigo.

condições de segurança estabelecidas pelo empregador ou previstas na lei[192] (art. 14º, nº 1, al. *a*), da LAT);[193]

O comportamento ativo ou omissivo é desejado nas respetivas consequências danosas.

Esclarece CARLOS ALEGRE,[194] "A vítima pratica não só o ato determinante do acidente, mas (em que) também deseja ou se conforma com todas as suas consequências".

O CT, imputa ao trabalhador um dever de cooperação na sua recuperação física, sob pena de redução ou agravamento do direito à indemnização (nos termos do nº 1 do artigo 570º do Código Civil).

JÚLIO GOMES, em análise crítica à formulação do nosso regime jurídico no que concerne à perda do direito de reparação do trabalhador estando em causa a violação por este das condições de segurança estabelecidas pelo empregador, a não ser tratando-se do caso previsto no art. 14º, nº 2[195], considera que a solução que não tem paralelo do direito comparado, transforma o sistema de responsabilidade do empregador num "sistema de responsabilidade individual do trabalhador subordinado ou economicamente dependente".[196]

ii) provier exclusivamente de negligência grosseira[197] do sinistrado (al. *b*));

---

[192] Jurisprudência:

"I – Não dá direito à reparação o acidente que provier de ato ou omissão do sinistrado que importe a violação, sem causa justificativa, das condições de segurança estabelecidas pela entidade patronal ou previstas na lei, nos termos da 2ª parte da al. a) do nº 1 do art. 7º da Lei nº 100/97.

II – Mas, não se provando que o sinistrado tivesse intencionalmente violado, por omissão, as regras de segurança, designadamente a não utilização do cinto de segurança, nem que o sinistro, queda de uma altura de 6 metros, foi consequência necessária da falta de utilização do cinto de segurança, não se mostra o acidente descaracterizado."

(Ac. STJ, de 23.06.2004, CJ, Ano XII, T. II, p. 285)

[193] Correspondendo ao art. 7º, nº 1, al. *a*), da LAT anterior.

[194] *Op. cit.*, p. 60.

[195] "Incumprimento de norma legal ou estabelecida pelo empregador da qual o trabalhador, face ao seu grau de instrução ou de acesso à informação, dificilmente teria conhecimento ou, tendo-o, lhe fosse manifestamente difícil entendê-la".

[196] *Op. cit.*, p. 228.

[197] Ou seja, não basta a simples imprudência e leviandade. O art. 8º, nº 2 do Decreto-Lei nº 143/99, de 30.04, entendia por negligência grosseira "o comportamento temerário em alto e relevante grau, que não se consubstancie em ato ou omissão resultante da habi-

OS ACIDENTES DE TRABALHO

tualidade ao perigo do trabalho executado, da confiança na experiência profissional ou dos usos e costumes da profissão."

Jurisprudência:

1) *II – São pressupostos jusnormativos da descaracterização com fundamento na negligência grosseira: o comportamento temerário em alto e relevante grau por parte do sinistrado e o exclusivo nexo causal entre o comportamento do trabalhador e a ocorrência do acidente.*

III – Não é de considerar temerária, infundada e reprovável, à luz do mais elementar senso comum a atitude tomada, no local e tempo de trabalho, pelo sinistrado, motorista de veículos pesados de mercadorias, ao prestar assistência a outro motorista – este, a trabalhar para uma firma com a qual a entidade empregadora do sinistrado havia firmado um acordo incidente sobre a prestação de serviços de transporte rodoviário – quando o mesmo, conduzindo um trator de reboque, procedia à manobra de encosto ao cais e o sinistrado foi desatrelar o trator do reboque, que descaiu, acabando por ficar esmagado entre os dois.

V – Falhando a prova quanto ao nexo de causalidade exclusiva entre o comportamento da vítima e a ocorrência do acidente, ilidido fica o requisito do exclusivo nexo causal entre o comportamento do trabalhador e a ocorrência do acidente.

29-01-2014. Recurso nº 1008/06.8TTVFX.L2.S1 – 4.ª Secção

Disponível em http://www.stj.pt/ficheiros/jurisp-sumarios/social/Mensais/social2014_01.pdf

2) *I – Cabe à entidade responsável o ónus da prova dos factos donde se possa concluir pela descaracterização do acidente de trabalho, por se tratar de facto impeditivo do direito invocado.*

II – A alínea b) do nº 1 do artigo 14º, da Lei nº 98/2009, de 9 de setembro (LAT), não se contenta com a circunstância do trabalhador que sofreu um acidente ter atuado com negligência grosseira, pois exige ainda que a atuação que consubstancia a negligência grosseira seja, em exclusivo, a causa do acidente.

III – Apesar de estar demonstrado que o sinistrado apresentava uma taxa de alcoolemia de 2,90g/l e que se encontrava também sob influência de medicamentos benzodiazepínicos, situação que potencia o efeito do álcool, sendo apta a provocar adormecimento, diminuição da acuidade visual e dos reflexos do condutor do veículo, não se tendo provado que foi só por isso que o veículo por este conduzido invadiu a hemi-faixa contrária, onde colidiu frontalmente com um veículo pesado que naquela circulava, não permite tal factualidade a conclusão de que o acidente foi devido, em exclusivo, à descrita conduta do sinistrado.

09-07-2014. Recurso nº 572/10.1TTSTB.L2.S1 – 4.ª Secção

Disponível http://www.stj.pt/ficheiros/jurisp-sumarios/social/Mensais/social2014_07.pdf

3) *I – A negligência grosseira relevante para a descaracterização do acidente de trabalho, de acordo com o disposto na alínea b) do nº 1 do artigo 7º da Lei nº 100/97, de 13 de setembro, pressupõe, nos termos do artigo 8º, nº 1, do Decreto-Lei nº 143/99, de 30 de abril, uma conduta do sinistrado que se possa considerar temerária em alto e relevante grau e que se não materialize em ato ou omissão resultante da habitualidade ao perigo do trabalho executado, da confiança na experiência profissional ou dos usos e costumes da profissão.*

II – Não pode concluir-se pela descaracterização de um acidente de trabalho resultante de uma queda de um escadote que era utilizado pelo sinistrado e se encontrava em mau estado de conservação, o que era do conhecimento daquele, quando se impute a queda a uma situação de desequilíbrio sofrida pelo sinistrado cuja causa não se apurou.

III – A prova dos factos integrativos da descaracterização do acidente, uma vez que se trata de atos impeditivos do direito à reparação reclamada pelo autor, constitui ónus daquele contra quem esse direito é reclamado, nos termos do nº 2 do artigo 342º do Código Civil.

MANUAL DE DIREITO DA SEGURANÇA E SAÚDE NO TRABALHO

24-10-2012. Recurso nº 1087/07.0TTVFR.P1.S1 – 4.ª Secção
Disponível em http://www.stj.pt/ficheiros/jurisp-sumarios/social/social2012.pdf
4) *"I – A descaracterização do acidente de trabalho, com base em negligência grosseira impõe que se verifiquem, cumulativamente, um comportamento temerário em elevado grau e que esse comportamento seja causa adequada e exclusiva do sinistro.*
II – Por isso, não basta a prova da mera violação duma regra estradal ou qualquer conduta culposa do trabalhador/vítima para, a partir daí, se presumir o carácter grosseiro da negligência, com a consequente inversão do ónus da prova.
III – Tendo tão-só ficado demonstrado que a vítima iniciou e consumou uma manobra de ultrapassagem ao veículo que o precedia numa zona de traços descontínuos, e antes do sinal de limitação de velocidade, e que depois de concluída esta manobra, terá acionado os travões do veículo, por forma a reduzir a velocidade do mesmo, havendo, nessa altura, perdido o controlo, este circunstancialismo não aponta para um comportamento temerário em elevado grau ou para uma atuação ou omissão voluntária, desnecessária, inútil e indesculpável, revestida de uma gravidade excecional e reprovada por um elementar sentido de prudência.
IV – Assim, não pode concluir-se que a conduta do sinistrado preencha os exigentes contornos do conceito de negligência grosseira, pelo que o acidente não é passível de descaracterização."
(Ac. STJ, de 22.06.2005, CJ, Ano XIII, T. II, p. 269)
5) *"I – Nos termos do art. 47º, nº 1, al. b) da Lei nº 100/97, é descaracterizado como acidente que provier exclusivamente de negligência grosseira do próprio sinistrado.*
II – No caso, o sinistrado realizou uma manobra de ultrapassagem que, sendo uma manobra criadora de especiais riscos, é permitida em condições favoráveis.
III – Da matéria apurada desconhece-se se lhe era permitido realizá-la em condições de segurança, tendo sido atropelado pelo veículo pesado que pretendia ultrapassar.
IV – Os factos provados são insuficientes para se poder concluir por um comportamento temerário do sinistrado em alto e relevante grau não se podendo concluir que o acidente tenha sido proveniente de negligência grosseira daquele."
(Ac. STJ, de 06.07.2004, CJ, Ano XII, T. II, p. 286)
6) *"I – Para a descaracterização dum acidente é necessário que tenha havido por parte do trabalhador acidentado um comportamento temerário e inútil, não bastando uma mera distração ou imprevidência".*
II – Não se acha descaracterizado o acidente de trabalho sofrido por um operador duma máquina de moldar madeira que, numa tentativa de a desencravar, ficou com uma mão entalada nas rodas dessa máquina.
(Ac. RC, de 04.03.2004, CJ, Ano XXIX, T. II, p. 52)
7) *"I – Para que se verifique a descaracterização do acidente é necessário que o mesmo provenha exclusivamente de negligência grosseira do trabalhador, pelo que na ausência desse pressuposto, não é possível denegar o direito à reparação.*
II – Apesar da taxa de alcoolémia de 1,79gr/l, nada permite concluir que o sinistrado estivesse em estado de completa embriaguês, de tal modo que se encontrasse privado do uso das suas faculdades intelectuais.

iii) resultar da privação permanente ou acidental do uso da razão do sinistrado, nos termos do Código Civil, salvo se tal privação derivar da própria prestação do trabalhador,[198] for independente da vontade do sinistrado ou se o empregador ou o seu representante, conhecendo o estado do sinistrado, consentir na prestação (al. *c*)).[199]

Retomando CARLOS ALEGRE:[200] "A previsão desta alínea abrange, sem dúvida, não apenas a privação permanente, como a acidental, remetendo, implicitamente, a qualificação de uma e de outra para a lei civil. Em princípio, a privação permanente do uso da razão faz parte do grupo das chamadas anomalias psíquicas, e pode ser considerada grave, dando lugar a interdição (artigos 138º e ss do Código Civil) ou menos grave e dar lugar à inabilitação (artigos 152º e ss do C. Civil).

A privação acidental do uso da razão, dando origem a uma incapacidade acidental, em termos civis, pode conduzir à anulabilidade dos atos praticados (artigo 257º do C. Civil). A privação acidental do uso da razão pode ter as mais variadas origens, uma delas, de origem endógena, como o sonambulismo, o delírio febril, o ataque epilético, a perda dos sentidos, etc., outras de natureza exógena, como a embriaguês, a ira, o estado hipnótico, a emoção violenta, etc.".

III – Embora a conduta do sinistrado seja de qualificar como gravemente culposa – tanto mais que se tratava de um motorista profissional – a ré não conseguiu demonstrar que o acidente proveio exclusivamente dessa conduta.

IV – A taxa de alcoolemia e o défice de capacidade psico-motora que a ela poderá estar associada não foi causa exclusiva do acidente, não sendo, por isso, de excluir que ele se tenha ficado a dever a outros fatores e designadamente, ao cansaço provocado pelo facto – que também ficou provado – de o sinistrado ter iniciado a sua atividade às 3h45m do dia do acidente."

(Ac. STJ, de 29.10.2003, CJ, Ano XI, T. III, p. 272)

[198] *V. g.*, Inalação de gases tóxicos.

[199] Correspondendo ao art. 7º, nº 1, al. *c*), da LAT anterior.

[200] *Op. cit.*, p. 63.

MANUAL DE DIREITO DA SEGURANÇA E SAÚDE NO TRABALHO

Ainda se exclui o dever de indemnização do empregador nos casos de acidente por motivo de força maior[201] (art. 15º, da LAT).[202] Bem como na prestação de serviços eventuais ou ocasionais,[203] de curta duração[204] (art. 16º, nº 1, da LAT),[205] salvo o disposto no nº 2.

Pese embora, a exclusão de responsabilidade do empregador, este é obrigado a prestar ao sinistrado os primeiros socorros e o transporte para o local onde possa ser clinicamente socorrido (art. 26º, da LAT).[206]

6. Direito de indemnização

Nos termos do art. 23º, da Lei nº 98/2009, de 4 de setembro, a indemnização é realizada em espécie (al. *a*)) e em dinheiro (al. *b*))[207].

O art. 25º, da LAT, enuncia as modalidades de prestações em espécie.

As prestações por incapacidade constam do art. 48º, da LAT.

---

[201] Classicamente, a força maior é considerada como dependente da vontade humana, ao contrário do previsto no nº 2 do artigo citado.

[202] Correspondendo ao art. 7º, nº 1, al. *d*), e nº 2, da LAT anterior.

[203] Correspondendo ao art. 8º, nº 1, al. *a*), e nº 2, da LAT anterior.

[204] Correspondendo ao art. 8º, nº 1, al. *b*), e nº 2, da LAT anterior.

[205] Jurisprudência:

"I – Há prestação de serviços eventuais quando estes se apresentem como contingentes, de inserção temporal indeterminável, ainda que previsíveis.

II – Há prestação de serviços ocasionais quando estes sejam fortuitos, de verificação imprevisível.

III – Há prestação de serviços de curta duração, quando eles se revistam de duração inferior a uma semana.

IV – Tendo um trabalhador sido contratado para trabalhar na demolição e restauro de uma casa, pelo dono da obra, os serviços por ele prestados não são eventuais, nem ocasionais, nem de curta duração.

V – Assim, não obstante esse trabalhador ser, ao mesmo tempo, empregado duma outra entidade patronal, é acidente de trabalho indemnizável o sofrido por ele durante a prestação desses serviços.

VI – Consistindo esse acidente em morte por electrocussão e tendo havido culpa grave do empregador na sua ocorrência, a reparação do sinistro, tem de ser feita mediante a atribuição de pensões agravadas aos beneficiários legais e, sendo caso disso, de indemnizações por danos não patrimoniais".

(Ac. RC, de 09.03.2000, CJ, Ano XXV, T. II, p. 62)

[206] Correspondendo ao art. 7º, nº 3, da LAT anterior.

[207] Correspondendo ao art. 10º, da LAT anterior.

O Tribunal Constitucional, no Acordão nº 34/2006, de 08.02,[208] declarou inconstitucional, com força obrigatória geral, a norma constante do artigo 74º, do Decreto-Lei nº 143/99, de 30 de abril, na redação introduzida pelo Decreto-Lei nº 382-A/99, de 22 de setembro, interpretado no sentido de impor a remição obrigatória total de pensões vitalícias atribuídas por incapacidades parciais permanentes do trabalhador/sinistrado, nos casos em que estas excedam 30%.[209]

Conforme já referido, a responsabilidade por acidente de trabalho é uma responsabilidade objetiva pelo risco, com limites indemnizatórios, determinados pela tipificação de danos.

Assim, e em princípio, não há lugar à reparação de danos não patrimoniais (ou morais), exceto no caso de agravamento.

O acidente de trabalho tem como consequência a verificação de determinado dano.

A lei considera como dano a lesão corporal, perturbação funcional ou doença que determine redução na capacidade de trabalho ou de ganho ou a morte do trabalhador resultante direta ou indiretamente de acidente de trabalho.[210]

Nos termos do art. 19º, da LAT, a incapacidade pode ser:

- temporária (IT) ou permanente (IP) para o trabalho (nº 1);
- a incapacidade temporária pode ser parcial (ITP) ou absoluta (ITA), nos termos do nº 2;
- a incapacidade permanente pode ser parcial, absoluta para o trabalho habitual ou absoluta para todo e qualquer trabalho (nº 3)[211].

Nos termos do art. 23º, da LAT, o direito à indemnização compreende as:

i) prestações em dinheiro (al. *b*))

---

[208] DR, I-A, de 08 de fevereiro de 2006.

[209] Conforme, aliás, já tinha sido o seu entendimento no Acordão nº 56/2005 (DR, II, de 03.03.2005, p. 3312), estando em causa a violação do art. 59º, nº 1, alínea *f*), da Constituição da República Portuguesa.

[210] Correspondendo ao art. 6º, nºs 1, 5 e 6, da LAT anterior.

[211] O que determinará a caducidade do trabalho por impossibilidade prestacional do trabalhador, que será considerado inválido, beneficiando, por conseguinte, da correspondente reforma, nessa qualidade (art. 343º, al. *c*), do CT).

Esta indemnização considera as indemnizações, pensões, prestações e subsídios previstos na presente lei[212]. O art. 47º, da LAT, desenvolve o caráter das indemnizações, contemplando a incapacidade temporária para o trabalho; a pensão provisória, a indemnização em capital e pensão por incapacidade permanente para o trabalho, o subsídio por situação de elevada incapacidade permanente, o subsídio por morte, a prestação suplementar para assistência de terceira pessoa, o subsídio para readaptação de habitação, o subsídio para a frequência de ações no âmbito da reabilitação profissional necessárias e adequadas à reintegração do sinistrado no mercado de trabalho.

ii) prestações em espécie (al. *a)*)
Acolhendo as prestações de natureza médica, cirúrgica, farmacêutica, hospitalar e quaisquer outras, seja qual for a sua forma, desde que necessárias e adequadas ao restabelecimento do estado de saúde e da capacidade de trabalho ou de ganho do sinistrado e à sua recuperação para a vida ativa.

O empregador é obrigado, para os efeitos indicados, a constituir seguro de acidente de trabalho (art. 79º, da LAT).

7. Direitos e deveres do trabalhador durante o período de incapacidade temporária parcial

O art. 44º, da LAT, estipula que o empregador deve assegurar a reabilitação profissional do trabalhador e a adaptação do posto de trabalho que sejam necessárias ao exercício das funções. Devendo a reabilitação profissional ser assegurada pelo empregador sem prejuízo do número mínimo de horas anuais de formação certificada a que o trabalhador tem direito.

Ainda, o empregador é obrigado a ocupar o trabalhador que, ao seu serviço, ainda que a título de contrato a termo, sofreu acidente de trabalho ou contraiu doença profissional de que tenha resultado qualquer das incapacidades previstas no artigo anterior, em funções e condições de trabalho compatíveis com o respetivo estado, nos termos previstos na presente lei

---

[212] *"I – A atribuição da pensão devida por acidente de trabalho mortal àquele que viveu em união de facto com a sinistrada depende da alegação e prova do estado civil da sinistrada falecida e da subsistência da união de facto durante um período mínimo de dois anos, mas não da necessidade de alimentos ou da impossibilidade de os obter nos termos do art. 2009º, alíneas a) e d) do CC.*
II – O regime decorrente da Lei nº 23/1010, de 30/08, relativo à situação paralela da pensão de sobrevivência, aplica-se mesmo a situações de união de facto em que o óbito de quem assim vivia ocorreu antes da data da sua entrada em vigor, mas depois da entrada em vigor da Lei nº 7/2001".
(Ac. RC, de 19 de setembro de 2013, CJ, ano 249, Ano XXXVIII, T. IV/2013, p. 67)

(art. 155º, nº 1, da LAT). Essa obrigação cessa quando o empregador declare a impossibilidade de assegurar ocupação e função compatível com o estado do trabalhador, mediante avaliação oficial (art. 161º, nº 1, da LAT).

A Lei nº 34/2007, de 15 de fevereiro, regulamentada pela Lei nº 46//2006, de 28.08 tem por objeto prevenir e proibir as discriminações em razão da deficiência e de risco agravado de saúde.

Conclui PAULO MORGADO DE CARVALHO,[213] "De facto, os sinistrados continuam a não beneficiar de qualquer prioridade no mercado de trabalho, embora reclamem insistentemente pelos seus direitos. (...) Urge cortar a própria raiz da indiferença em relação à integração social dos sinistrados e doentes profissionais e dos deficientes em geral, munindo-se o aparelho social dos instrumentos indispensáveis de reabilitação e instituindo-se regimes especiais tendentes à sua proteção no mercado de trabalho."

8. A prescrição do direito à indemnização

O art. 179º, nº 1, da LAT, estabelece para o direito de ação, o prazo de caducidade geral de um ano, a contar da data da alta clínica, ou havendo morte, a contar desta.

Quanto ao prazo prescricional das prestações devidas, *v.* nº 2.

9. Agravamento da responsabilidade do empregador

Nos termos do art. 18º, da LAT, há agravamento da responsabilidade do empregador em caso de:

– acidente provocado pelo empregador, seu representante ou entidade por aquele contratada e por empresa utilizadora de mão-de-obra;
– falta de observância, pelo empregador, seu representante ou entidade por aquele contratada, das regras sobre segurança e saúde no trabalho.

Nos casos expostos, a indemnização abrange a totalidade dos prejuízos (patrimoniais e morais), sofridos pelo trabalhador e seus familiares (nº 1), sem embargo de responsabilidade criminal (nº 2)[214] e contraordenacional, em sede de violação das normas de segurança.[215]

---

[213] *Op. cit.,* p. 97.

[214] Nomeadamente, arts. 277º, nº 1, al. *a*) e art. 152º, nº 1, ambos do Código Penal.

[215] Jurisprudência:

1) *I – Para que se verifique a responsabilidade agravada do empregador é necessário que a previsibilidade do risco lhe possa ou deva ser imputável, sendo o juízo de prognose quanto à avaliação do risco*

feito a priori perante o circunstancialismo que se verificava aquando do acidente, e não, a posterior, perante a ocorrência do mesmo.

II – Não existe responsabilidade do empregador, apesar de deter uma máquina fresadora que não estava dotada de equipamento obrigatório de proteção coletiva contra o risco de projecção de partículas, se o sinistrado, seu motorista, a utilizou por sua exclusiva e livre iniciativa, sem utilizar os óculos de proteção existentes na empresa.

III – Não há lugar à descaracterização desse acidente, conquanto o trabalhador sinistrado tenha utilizado a máquina fresadora sem utilizar os óculos de proteção que estavam disponíveis, dada a falta do equipamento obrigatório de proteção coletiva que a existir teria evitado o acidente.

Ac. RP, de 9 de dezembro de 2013, CJ, nº 250, Ano XXXVIII, Tomo V/2013, p. 332

2) *I – A imputação, à entidade empregadora, da responsabilidade pela reparação de acidente de trabalho por violação de regras de segurança pressupõe a verificação cumulativa dos seguintes pressupostos: (i) que sobre a entidade empregadora impenda o dever de observância de determinadas normas ou regras de segurança; (ii) que aquela não as haja, efetivamente, observado; (iii) que se verifique uma demonstrada relação de causalidade adequada entre a omissão e o acidente.*

II – A implementação de medidas de proteção contra quedas em altura só é obrigatória quando esse risco efetivamente existir face a um juízo de prognose – a formular no quadro do circunstancialismo de que o sinistrado tenha conhecimento, ou de que se possa aperceber-se, não, face a um juízo a emitir com base em circunstâncias ou dados que só após o acidente se tornaram conhecidos ou cognoscíveis pelo sinistrado.

III – Não resultando provado que se impusesse à entidade empregadora, em termos de normal previsibilidade dos riscos profissionais, a implementação preventiva de quaisquer medidas de segurança – aquando da deslocação pontual do sinistrado ao telhado, visando apenas a marcação dos pontos de drenagem das águas pluviais – numa altura em que, ao contrário do que seria suposto ou expectável, não estavam afinal fixadas à estrutura (embora colocadas no seu lugar) todas as placas da cobertura, a omissão causal não lhe pode ser imputada, não havendo por isso lugar à sua responsabilização agravada.

08-01-2013. Recurso nº 507/07.9TTVCT.P1.S1 – 4.ª Secção

Disponível em http://www.stj.pt/ficheiros/jurisp-sumarios/social/social_2013.pdf

3) *Apurando-se que o sinistrado entalou a mão no tapete de arrasto porque a máquina não possuía, na altura, o resguardo de proteção metálica e que só lhe foi possível colocar a mão naquele local, porque inexistia a proteção metálica no tapete de arrasto, existe nexo de causalidade adequado entre a inobservância dessas regras sobre segurança no trabalho por parte da empregadora e a produção do acidente.*

III – Assim sendo, mostram-se preenchidos os pressupostos da responsabilização do empregador, previstos na 2.ª parte do nº 1 do artigo 18º da Lei nº 100/97, de 13 de setembro, pelo que a seguradora é apenas subsidiariamente responsável pelas prestações normais estabelecidas na lei.

26-04-2012. Recurso nº 855/09.3TTMAI.P1.S1 – 4.ª Secção

Disponível em http://www.stj.pt/ficheiros/jurisp-sumarios/social/social2012.pdf

4) *I – No caso de inobservância das regras de segurança na execução do trabalho, é à Ré seguradora que compete alegar e provar, não só a inexistência de meios de proteção coletiva, como a sua impraticabilidade, para que a falta de cinto de segurança ou de qualquer outro meio de proteção individual seja relevante para a apreciação da culpa da Ré patronal.*

II – Assim, não tendo a Ré seguradora demonstrado qual a verdadeira causa da queda do sinistrado, isto é, se esta se deveu à falta de guarda-corpos, guarda-cabeças ou redes, ou à falta de meios indi-

viduais, por impraticabilidade daqueles meios coletivos, ela é a responsável pela reparação dos danos resultantes do acidente de trabalho."

(Ac. RP, de 16.05.2005, CJ, Ano XXX, T. III, p. 225)

5) *"I – No novo regime de acidentes de trabalho (Lei nº 100/97), as pensões só são agravadas quando o acidente tiver sido provocado (dolosamente) pela entidade patronal ou seu representante ou quando tiver resultado da falta de observância das regras sobre segurança, higiene e saúde no trabalho.*

II – Em relação à Lei nº 2.127, deixou de existir agravamento quando o acidente tiver resultado de mera culpa da entidade patronal ou do seu representante, mas em contrapartida passou a haver agravamento sempre que resulte da inobservância das referidas regras, independentemente de essa inobservância ter sido culposa ou não.

III – Os vícios da decisão proferida sobre a matéria de facto não tornam a sentença nula.

IV – Os meios de reação contra erros de julgamento da matéria de facto são a reclamação prevista no nº 4 do art. 653º do CPC e a impugnação da decisão nos termos do art. 690º-A do mesmo Código".

(Ac. RP, de 07.04.2003, CJ, Ano XXVIII, T. II, p. 67).

6) *"I – Omite as mais elementares regras de segurança relativas ao uso de explosivos, a entidade patronal que permite a um seu trabalhador, com apenas 19 anos de idade e mero aprendiz de carregador de fogo, executar as tarefas inerentes ao carregador de furos, bem sabendo que este não estava, para tanto, habilitado.*

II – Assim, tendo tal trabalhador sofrido acidente, durante uma operação de carregamento de furos, é de presumir, nos termos do art. 54º do Decreto nº 360/71, de 21/08, culpa da entidade patronal, no desencadeamento do sinistro.

III – Não tendo a presunção de culpa sido ilidida, a pensão a que o sinistrado tem direito, é agravada por força do disposto na Base XVII, nº 2, da Lei nº 1.127, de 03/08/65, sendo responsável pelo seu pagamento a entidade patronal, só respondendo a seguradora subsidiariamente pelas prestações normais."

(Ac. RP, de 15.03.2003, CJ, Ano XXIX, T. II, p. 225)

7) *"A. trabalhava numa obra de execução de esgotos domésticos de diversas povoações para uma ETAR a construir. Foi incumbido de proceder à extração de água acumulada na conduta adutora dos efluentes e que aí existia por força de chuvas acumuladas que na semana anterior tinham ocorrido. Para tanto, o trabalhador tinha de descer a uma denominada «caixa de visita», com uma profundidade de 5m e um diâmetro de 0.65m, colocando-se para tal efeito uma escada no local, que o operário utilizou sem qualquer proteção. Na aludida conduta existiam, para além de líquido, gases que determinaram o desfalecimento do operário em causa, com a subsequente queda e afogamento que foi a causa da sua morte".*

(Ac. RC, de 12.11.2002, CJ, Ano XXVII, T. V, p. 55)

8) *"O sinistrado trabalhava numa varanda, situada no 4º piso, a cerca de 10 metros do solo, procedendo à colocação de um taipal, para a operação subsequente de betonagem. O trabalhador pôs um pé no taipal de cofragem, este virou e o trabalhador caiu.*

Não existiam guarda-corpos nem resguardos laterais, quer no taipal, quer na varanda e o trabalhador não usava capacete de proteção".

(Ac. RP, de 02.07.2001, CJ, Ano XXVI, T. IV, p. 243)

9) *"Sabendo-se apenas que, por se ter desequilibrado, houve uma queda do falecido sinistrado duma escada de mão, em alumínio, da qual lhe adveio a morte, mas sem que se saiba a causa do desequilí-*

O nº 4 do art. 18º, da LAT, estabelece limites às prestações a fixar:

"*a*) Nos casos de incapacidade permanente absoluta para todo e qualquer trabalho, ou incapacidade temporária absoluta, e de morte, igual à retribuição;

b) Nos casos de incapacidade permanente absoluta para o trabalho habitual, compreendida entre 70% e 100% da retribuição, conforme a maior ou menor capacidade funcional residual para o exercício da capacidade funcional residual para o exercício de outra profissão compatível;

c) Nos casos de incapacidade parcial, permanente ou temporário, tendo por base a redução da capacidade resultante do acidente."

A responsabilidade por danos morais não é transferível, cabendo ao empregador assumi-la.

Caso o acidente tenha sido provocado pelo representante do empregador, assiste a este direito de regresso contra aquele (nº 3).[216]

O agravamento da responsabilidade do empregador só é atendível se o acidente lhe for imputado a título de culpa (por dolo ou mera negligência). A culpa quer no domínio da responsabilidade contratual[217], quer extracon-

---

brio, não é de imputar a ocorrência do acidente a culpa da entidade patronal, por violação de regras de segurança."

(Ac. RP, de 05.02.2001, CJ, Ano XXVI, T. I, p. 245)

10) *"José da Silva, fogueiro de 1ª, procedia a trabalhos de alimentação da caldeira com lenha, quando se deu forte explosão do equipamento, por se terem excedido os limites admissíveis de pressão, vitimando-o mortalmente e destruindo toda a área circundante.*

II – A caldeira dispunha de uma válvula de segurança, que, em condições normais de funcionamento, se acionava logo que os limites razoáveis de pressão estivessem prestes a ser atingidos. A válvula de segurança estava há já algum tempo avariada."

(Ac. RP, de 15.04.2000, CJ, Ano XXVII, T. II, p. 251).

[216] Acompanhando o previsto no art. 500º, do Código Civil.

[217] Art. 487º, nº 2, do CC, o qual dispõe: "A culpa é apreciada, na falta de outro critério legal, pela diligência de um bom pai de família, em face das circunstâncias de cada caso". Explicam PIRES DE LIMA e ANTUNES VARELA, *Código Civil Anotado*, Vol. I, 4ª ed., 1987, p. 489: "A referência expressiva ao *bom pai de família* acentua mais a nota *ética* ou *deontológica* do bom cidadão (do *bonus cives*) do que o critério puramente estatístico do *homem médio*. Quer isto significar que o julgador não está vinculado às práticas de *desleixo*, de *desmazelo* ou de *incúria*, que porventura se tenham generalizado, se outra for a conduta exigível aos homens de boa formação e de são procedimento".

tratual[218] traduz-se na omissão reprovável de um dever de diligência (do *bonus pater famílias*), aferido em abstrato.

Esse nexo de imputação estabelece-se (ou melhor, presume-se) quando o acidente resultar da inobservância das regras de segurança e saúde.

Cabe ao empregador respeitar os arts. 281º e 282º, do CT, relativos à segurança e saúde no trabalho, a fim de assegurar aos trabalhadores condições laborais idóneas e aplicar as medidas necessárias por forma a combater na sua origem o risco de acidentes de trabalho que sejam previsíveis face aos locais de trabalho e aos processos de trabalho adotados a fim de reduzir ou excluir os seus efeitos negativos.

A atuação culposa do empregador, prevista no art. 18º, da LAT, configura responsabilidade civil, nos termos do art. 483º, do CC, que acolhe a indemnização por danos não patrimoniais (art. 496º, do CC). Bem como responsabilidade criminal (nº 2), sendo de relevar os arts. 152º-B, nº 2 (*Violação de regras de segurança*) e 277º, nº 2 (*Infração de regras de construção, dano em instalações e perturbação de serviços*), ambos do CP.

Pressupostos da punição:

- ação do agente [comportamento activo (*facere*) ou omissivo (*omittere*) desconforme ao Direito);
- culpa (imputabilidade, dolo[219]/negligência[220]; não verificação das causas de exclusão da ilicitude);
- ilicitude (manifestação expressa pela desconformidade entre o comportamento devido e o executado;
- resultado (mero perigo/dano);
- nexo causal ação-resultado (causalidade adequada);
- tipicidade (juízo de valor jurídico-criminal, assente na lei – *nullum crimen sine lege*).

---

[218] Art. 799º, nº 2, do CC, o qual dispõe: "A culpa é apreciada nos termos aplicáveis à responsabilidade civil". O dispositivo resolve o problema de saber se a culpa do devedor deve ser apreciada *in abstracto* (pela diligência de um bom pai de família), ou *in concreto*, em atenção à diligência normal do devedor. Tendo-se optado pelo primeiro entendimento.

[219] *Grosso modo*, intenção de realizar o crime.

[220] Omissão de um dever de cuidado (de previsão), adequado a evitar a realização de um tipo legal de crime.

O sinistrado ou os beneficiários legais, em caso de morte, devem participar o acidente de trabalho, verbalmente ou por escrito, nas 48 h seguintes, ao empregador, salvo se este o tiver presenciado ou dele vier a ter conhecimento no mesmo período (art. 86º, nº 1, da LAT).

10. Fundo de Acidentes de Trabalho

O Fundo de Acidentes de Trabalho (adiante designado FAT) previsto no art. 82º da LAT, foi aprovado pelo Decreto-Lei nº 142/99, de 29.07 (na última redação dada pelo Decreto-Lei nº 185/2007, de 10/05), substituindo o Fundo de Atualização de Pensões de Acidentes de Trabalho (FUNDAP), previsto na Base XLV da Lei nº 2127, de 3 de agosto de 1965.

Resulta do preâmbulo que "Face ao anterior Fundo, o FAT apresenta um leque de garantias mais alargado, contemplando, para além das atualizações de pensões de acidentes de trabalho e dos subsídios de Natal, o pagamento dos prémios de seguro de acidentes de trabalho de empresas que, estando em processo de recuperação, se encontrem impossibilitadas de o fazer, competindo-lhe, ainda, ressegurar e retroceder os riscos recusados de acidentes de trabalho."

Sendo obrigatória a constituição de um seguro de acidentes de trabalho, o FAT substitui-se ao empregador nos casos em este não pode assumir o pagamento das prestações que forem devidas por acidente de trabalho sempre que, por motivo de incapacidade objetivamente caracterizada em processo judicial de falência ou processo equivalente, ou processo de recuperação de empresa, ou por motivo de ausência, desaparecimento ou impossibilidade de identificação não possam as mesmas ser pagas pela entidade responsável (artigo 1º, al. *a*)).

O atual regime de falência (agora insolvência) consta do Decreto-Lei nº 53/2004, de 18 de março (na última redação dada pelo Decreto-Lei nº 26/2015, de 06/02)[221].

---

[221] De acordo com a lei, "O processo de insolvência é um processo de execução universal que tem como finalidade a liquidação do património de um devedor insolvente e a repartição do produto obtido pelos credores, ou a satisfação destes pela forma prevista num plano de insolvência, que nomeadamente se baseia na recuperação da empresa compreendida na massa insolvente" (art. 1º).

Explica MARIA DA CONCEIÇÃO ARAGÃO[222], "Não definindo a Lei, no âmbito da previsão do art. 1º, nº 1, do DL nº 142/99, quais são, em concreto, as prestações emergentes de acidente de trabalho que o FAT deve garantir, várias têm sido as situações objeto de discussão relativas a esta matéria".

Destacamos a questão do pagamento das pensões agravadas (os chamados casos especiais de reparação)[223], das indemnizações por danos não patrimoniais[224], do pagamento dos juros de mora[225] e das indemnizações por incapacidades temporárias em caso de acidente ocorrido antes de 01.01.2000[226].

O art. 6º, nº 1, do diploma, estipula que, "As pensões de acidentes de trabalho serão anualmente atualizadas nos termos em que o forem as pensões do regime geral da segurança social." Face às dúvidas suscitadas pelo dispositivo, o qual entende que estas prestações "visam tão-só a compensação da redução ou perda dos rendimentos da atividade profissional, e não garantir, por razões económicas ou de equidade social, mínimos vitais, tarefa a cargo de outras prestações, como sejam as pensões do regime geral da segurança social", veio recentemente, o Decreto-Lei nº 16/2003, de 3 de fevereiro, proceder à interpretação daquele dispositivo.

O teor da interpretação autêntica realizada é o seguinte:

"A atualização anual de pensões de acidentes de trabalho (prevista no nº 1 do artigo 6º do Decreto-Lei nº 142/99, de 30 de abril), é feita exclusivamente com base nas percentagens fixadas no diploma de atualização das pensões do regime geral da segurança social, independentemente do valor obtido."

---

[222] *A responsabilidade do Fundo de Acidentes de Trabalho*, PDT, nº 70, p. 81.

[223] Segundo a Autora, a jurisprudência tem sido unânime em considerar o FAT responsável pela parte da pensão agravada ou que ultrapasse a prestação normal prevista na lei.

[224] Que têm ficado fora da competência do FAT.

[225] Também excluído do FAT.

[226] Questão controversa que tem divido a doutrina e a jurisprudência.
Jurisprudência:
"Mesmo tendo o acidente de trabalho ocorrido antes de 1 de janeiro de 2000, o Fundo de Acidentes de Trabalho responde pelo pagamento das indemnizações por incapacidades temporárias e das despesas de transportes devidas ao acidentado, em caso de incumprimento do responsável."
(Ac. RC, de 19.01.2005, CJ, Ano XX, T. I, p. 55)

Capítulo IX
As doenças profissionais, as doenças crónicas e as doenças de declaração obrigatória

1. As doenças profissionais

A lei não define doença profissional. Apelando à conjugação do regime da doença com o do acidente de trabalho, podemos entender como o evento (profissional) que se traduz na lesão corporal, perturbação funcional ou doença que resulta da exposição lenta e continuada a um risco profissional.

As doenças profissionais encontram-se previstas no Decreto-Regulamentar nº 6/2001, de 05.05 alterado pelo Decreto-Lei nº 76/2007, de 17 de julho, que dispõe: "São consideradas doenças profissionais as constantes da lista organizada e publicada em anexo a este diploma, juntamente com o seu índice codificado" (art. 1º).

Segundo indicadores do Centro Nacional de Proteção contra Riscos Profissionais, as três principais doenças são: as doenças músculo-esqueléticas (nomeadamente, tendinites e paralisias), a surdez e as doenças cutâneas (dermites de contacto, dermatoses ou dermatites). *V.* os arts. 94º da LAT.

2. As doenças crónicas

Entende-se por doença crónica a doença de curso prolongado, com evolução gradual dos sintomas e com aspetos multidimensionais, potencialmente incapacitante, que afeta, de forma prolongada, as funções psicológica, fisiológica ou anatómica, com limitações acentuadas nas possibilidades de resposta a tratamento curativo, mas com eventual potencial de correção ou compensação e que se repercute de forma acentuadamente negativa no contexto social da pessoa por ela afetada (art. 3º, al. *j*), do Decreto-Lei 101/2006, de 6 de junho, alterado pelo Decreto-Lei 136/2015, de 28 de julho).

A Portaria nº 349/96 de 08.03, que aprovou a lista de doenças crónicas que, por critério médico, obrigam a consultas, exames e tratamentos fre-

MANUAL DE DIREITO DA SEGURANÇA E SAÚDE NO TRABALHO

quentes e são potencial causa de invalidez precoce ou de significativa redução de esperança de vida foi revogada pelo art. 10º, al. *c*), do Decreto-Lei nº 113/2011, de 29.11 (na última redação dada pela Lei nº 7-A/2016, de 30/03).

O acesso à proteção especial na invalidez passa a depender da verificação de condições objetivas especiais de incapacidade permanente para o trabalho, independentemente da doença causadora da situação de incapacidade. Em vez de uma lista de doenças, o grau de incapacidade gerado é que define a invalidez.

Relativamente às doenças que o médico deve obrigatoriamente declarar (em caso de doença e em caso de morte), a Portaria nº 1071/98, de 21.12 (alterada pelas Portarias nº 103/2005, de 25.01 e nº 258/2005, de 16.03 e aditada pela Resolução da AR nº 21/2010, de 08.03), de acordo com o Código da 10ª Revisão da Classificação Internacional de Doenças (CID), indica a seguinte listagem:

- Doença genética com manifestações clínicas graves;
- Insuficiência cardíaca congestiva;
- Cardiomiopatia;
- Doença pulmonar crónica obstrutiva;
- Hepatite crónica activa;
- Artrite invalidante;
- Lúpus;
- Dermatomiose;
- Paraplegia;
- Miastenia grave;
- Doença desmielinizante;
- Doença do neurónio motor.

(Esta lista deveria, nos termos art. 2º da Portaria, ser revista um ano após a respetiva entrada em vigor).

O Despacho Conjunto dos Ministérios da Saúde, da Segurança Social e do Trabalho, nº 407/98, de 18.06, incluiu ainda a doença ou sequela que decorrem de patologias cardiovasculares, respiratórias, genito-urinárias, reumatológicas, endocrinológicas, digestivas, neurológias e psiquiátricas, bem como de outras situações que sejam causa de invalidez precoce ou de significativa redução de esperança de vida.

O Despacho Conjunto dos Ministérios da Saúde, da Segurança Social e do Trabalho, nº 861/99, de 10.09, considerou ainda a doença de longa duração, com aspetos multidimensionais, com evolução gradual dos sintomas e potencialmente incapacitante, que implica gravidade pelas limitações nas possibilidades de tratamento médico e aceitação pelo doente cuja situação clínica tem de ser considerada no contexto da vida familiar, escolar e laboral, que se manifeste particularmente afetado.

A RAR nº 90/2010, de 10.09, recomenda que se elabore a Classificação Internacional de Funcionalidade, Incapacidade e Saúde (CIF), uma tabela das incapacidades decorrentes de doenças crónicas e uma tabela de funcionalidade.

3. As doenças de declaração obrigatória

As doenças de declaração obrigatória, de acordo com a Portaria nº 1071/98, de 21.12 (alterada pelas Portarias nº 103/2005, de 25.01 e nº 258/2005, de 16.03 e aditada pela Resolução da AR nº 21/2010, de 08.03) são, entre outras, a tuberculose respiratória (A15, A16), a tuberculose do sistema nervoso (A17), a tuberculose miliar (A19) e o VIH.

A Lei nº 81/2009, de 21 de agosto, instituiu um sistema de vigilância em saúde pública, que identifica situações de risco, recolhe, atualiza, analisa e divulga os dados relativos a doenças transmissíveis e outros riscos em saúde pública, bem como prepara planos de contingência face a situações de emergência ou tão graves como de calamidade pública.

O regulamento de notificação obrigatória de doenças transmissíveis e outros riscos em saúde pública consta da Portaria nº 248/2013, de 5 de agosto, alterada pela Portaria nº 22/2016, de 10.02.

4. A Tabela Nacional de Incapacidades

A Tabela Nacional de Incapacidades (TNI) em vigor é a constante do Decreto-Lei nº 352/2007, de 23.10. Diz o preâmbulo da Lei, torna-se "hoje de todo inaceitável é que seja a Tabela Nacional de Incapacidades por Acidentes de Trabalho e Doenças Profissionais (TNI), aprovada pelo Decreto-Lei nº 341/93, de 30 de setembro, utilizada não apenas no contexto das situações especificamente referidas à avaliação de incapacidade laboral, para a qual foi efetivamente perspetivada, mas também por vezes, e incorretamente, como tabela de referência noutros domínios do direito em que a avaliação de incapacidades se pode suscitar, para colmatar a ausência de regulamentação específica que lhes seja diretamente aplicável. Trata-se de situação que urge corrigir pelos erros periciais que implica, que conduz a avaliações destituídas do rigor que as deve caracterizar, e potencialmente geradora de significativas injustiças. Por isso mesmo opta o presente decreto-lei pela publicação de duas tabelas de avaliação de incapacidades, uma destinada a proteger os trabalhadores no domínio particular da sua atividade como tal, isto é, no âmbito do direito laboral, e outra direcionada para a reparação do dano em direito civil. Para realizar este duplo objetivo, optar-se-á pela publicação, como anexo I, da revisão e atualização da Tabela Nacional de Incapacidades por Acidentes de Trabalho e Doenças Profissionais já referida, a qual decorreu nos últimos seis anos.

"A presente Tabela Nacional de Incapacidades (TNI) tem por objetivo fornecer as bases de avaliação do dano corporal ou prejuízo funcional sofrido em consequência de acidente de trabalho ou de doença profissional, com redução da capacidade de ganho" (indica o ponto 1 do Anexo I).

Capítulo X
Direito penal do trabalho

1. O direito penal do trabalho como realidade jurídica emergente

Por comparação com o regime dos acidentes de trabalho que regula os riscos inerentes ao exercício da atividade laboral, independentemente de qualquer atuação culposa do empregador; o direito penal do trabalho regula os comportamentos criminosos praticados contra o trabalhador no desempenho da atividade laboral, os chamados crimes laborais. Estes crimes encontram-se previstos no próprio Código do Trabalho, no Código Penal e em variadíssima legislação avulsa.

Esta regulação penal ainda não faz parte da consciência coletiva do mundo laboral.[227]

CARLOS ALEGRE[228] entende que, muitas vezes, os acidentes de trabalho "encobrem realidades bem mais graves, parece-nos ter estado – e estar ainda, mercê a absorção mais ou menos generalizada, mas difusa, de certas doutrinas económicas, sociais e, até, políticas – de uma certa conceção do homem trabalhador que valoriza muito mais a sua chamada *integridade produtiva* do que a sua *integridade inteira*, passe a redundância, onde os valores da vida, da saúde, da família e do seu bem estar moral e social também deviam pesar alguma coisa."

A punição criminal assenta nos seguintes pressupostos:

– ação do agente [comportamento ativo (*facere*) ou omissivo (*omittere*) desconforme ao Direito);

---

[227] Em desenvolvimento, *v.* nosso *Código do Trabalho Anotado*, p. 1141 e ss.
[228] *A questão da responsabilidade criminal em segurança, higiene e saúde no trabalho*, IV CNDT Almedina, 2002, p. 339.

– imputabilidade;
– culpa

A culpa quer no domínio da responsabilidade contratual, quer extracontratual traduz-se na omissão reprovável de um dever de diligência (*do bonus pater famílias*), aferido em abstrato, manifestando-se no dolo ou na negligência e na não verificação das causas de exclusão da ilicitude[229]. Em matéria de moldura penal, os conceitos de negligência e dolo, são essenciais para delimitar a moldura penal aplicável.

Nos termos do art. 13º, do Código Penal só é punível o facto praticado com dolo, ou, nos casos especialmente previstos na lei, com negligência.

Quando a lei se reporta a atuação dolosa (art. 14º, nº 1, do Código Penal), admite três tipos essenciais:
– dolo direto
O agente representando um facto que preenche um tipo de crime, atua com intenção de o realizar;
– dolo necessário
O agente representa a realização de um facto que preenche um tipo de crime como consequência necessária da sua conduta;
– dolo eventual
A realização de um facto que preenche um tipo de crime é representada como consequência possível (eventual) da conduta e o agente atua conformando-se com aquela realização.

Quando a lei se reporta à atuação negligente (art. 15º, do Código Penal), admite dois tipos essenciais:
– negligência consciente
O agente representa como possível a realização de um ato que preenche um tipo legal de crime, mas atua sem se conformar com essa realização (confia que o resultado não ocorrerá);
A distinção entre a negligência consciente e o dolo eventual nem sempre é pacífica, antes pelo contrário.
– negligência inconsciente
O agente não chega sequer a representar a possibilidade de realização do facto que preenche um tipo legal de crime.

---

[229] Como a legítima defesa (art. 32º, do CP), o direito de necessidade (art. 34º, do CP), o estado de necessidade desculpante (art. 35º, do CP), o conflito de deveres (art. 36º, do CP), a obediência indevida desculpante (art. 37º, do CP) e o consentimento (art. 38º, do CP).

– ilicitude (manifestação expressa pela desconformidade entre o comportamento devido e o executado);

– resultado (mero perigo/dano);

O resultado pode ou não ter sido concretizado, distinguindo-se entre os crimes de perigo e os crimes de dano. Nos *crimes de (mero) perigo*, a descrição típica não exige a lesão efetiva dos bens jurídicos tutelados pela incriminação, mas tão só a colocação em perigo, a ameaça de lesão desse bem ou bens jurídicos tutelados pela norma. Pelo contrário, nos *crimes de lesão ou crimes de dano*, exige-se um dano ou uma lesão efetiva no bem ou bens jurídicos tutelados pela norma.

– nexo causal (ação-resultado, ou seja, causalidade adequada);

Nos termos da teoria da causalidade adequada, exige-se uma relação de causa e efeito entre a ação (adequada) e o dano.

– tipicidade;

O juízo de desvalor jurídico-criminal tem que constar da lei, segundo o princípio *nullum crimen sine lege,* não bastando uma mera censura axiológica. A segurança do cidadão e a certeza jurídica assim o exigem. Nesta matéria, afasta-se ainda qualquer interpretação extensiva ou aplicação analógica.

Tentativa

A tentativa consiste na prática de atos de execução de um crime que o agente decidiu cometer, sem que o resultado típico se chegue a verificar (art. 22º, CP).

Portanto, está construída para os chamados crimes materiais ou de resultado. A tentativa só se distingue da consumação precisamente pela não verificação de um elemento que é o resultado típico.

2. Crimes laborais

CÓDIGO PENAL:

– Crime de infração de regras de construção, dano em instalações e perturbação de serviços (art. 277º, nº 1, als. *a*) e *b*));

PAULA DE FARIA[230] explica que se visa garantir a "segurança em determinadas áreas de atuação humana, e o regular funcionamento de serviços fundamentais, contra comportamentos suscetíveis de colocar em

---

[230] *Comentário Conimbricense do Código Penal*, Coimbra Editora, 1999, p. 912.

perigo a visa, a integridade física e os bens patrimoniais alheios de valor elevado."[231]

Como resulta do preceito, trata-se de crime de (mero) perigo concreto, que pune o comportamento potencialmente comissivo do empregador.

JORGE LEITE[232] indica que não é pacífica a determinação do bem jurídico que a norma visa proteger. Sendo certo que este "tipo de crime funciona como uma norma de proteção avançada da vida e da integridade física."

- Crime de maus tratos (art. 152º-A);
- Crime de violação de regras de segurança (art. 152º-B);
- Crime de escravidão (art. 159º);
- Crime de tráfico de pessoas (art. 160º).

CÓDIGO DO TRABALHO:
- Crime de utilização indevida de trabalho de menor (art. 82º);
- Crime de desobediência por não cessação da atividade de menor (art. 83º);
- Responsabilidade penal em caso de encerramento de empresa ou estabelecimento (art. 316º);
- Efeitos para o empregador de falta de pagamento pontual da retribuição (art. 324º).
- Crime por violação da autonomia ou independência sindical, ou por ato discriminatório (art. 407º);
- Crime de retenção de quota sindical (art. 459º);
- Responsabilidade penal em matéria de greve (art. 543º);
- Responsabilidade penal em matéria de *lock-out* (art. 545º);
- Desobediência qualificada (art. 547º).

CRIMES CONTRA A SEGURANÇA SOCIAL

a) Fraude contra a segurança social

O art. 106º, do regime geral das infrações fiscais (aprovado pela Lei nº 15/2001, de 05 de junho, na redação dada pela Lei nº 7-A/2016, de 30/03), considera que constitui fraude contra a segurança social "as condutas das entidades empregadoras, dos trabalhadores independentes e dos beneficiários que visem a não liquidação, entrega ou pagamento, total ou

---

[231] *Direito penal do trabalho: uma sentença histórica*, QL nº 11, p. 109.
[232] *Op. cit.*, p. 110.

parcial, ou o recebimento indevido, total ou parcial, de prestações de segurança social com intenção de obter para si ou para outrem vantagem ilegítima de valor superior a €7500".

b) Abuso de confiança contra a segurança social

O mesmo regime das infrações fiscais declara no art. 107º, que constitui crime de abuso de confiança, o comportamento das "entidades empregadoras que, tendo deduzido do valor das remunerações devidas a trabalhadores e membros dos órgãos sociais o montante das contribuições por estes legalmente devidas, não o entreguem, total ou parcialmente, às instituições de segurança social."

CRIMES CONTRA CIDADÃOS ESTRANGEIROS

O regime jurídico de entrada, permanência, saída e afastamento de estrangeiros do território nacional foi aprovado pela Lei nº 23/2007, de 4 de julho, alterada pela Lei nº 29/2012, de 9 de agosto (al. c)).

- Auxílio à imigração ilegal (art. 183º);
- Associação de auxílio à imigração ilegal (art. 184º);
- Angariação de mão-de-obra ilegal (art. 185º);
- Casamento de conveniência (art. 186º);
- Utilização da atividade de cidadão estrangeiro em situação ilegal (art. 185º-A).

Capítulo XI
O regime jurídico das contraordenações laborais

1. Definição de ilícito contraordenacional

Já ensinava EDUARDO CORREIA,[233] que o ilícito criminal protegia "os valores ou os bens fundamentais da comunidade, isto é, aqueles interesses primários sem cuja observância a vida e sociedade não seria possível: a vida humana, a integridade física, a liberdade sexual, a honra, o património, etc.".

O ilícito de mera ordenação social cuida essencialmente de aspetos de mera regulação social. Trata-se do *"aliud* que se diferencia qualitativamente do crime na medida em que o respetivo ilícito e as reações que lhe cabem não são diretamente fundamentáveis num plano ético-jurídico, não estando, portanto, sujeitas aos princípios e corolários do direito criminal."[234]

A Lei nº 107/2009, de 14.09 (alterada pela Lei nº 63/2013, de 27/08) aprovou o regime processual aplicável às contraordenações laborais, mantendo-se aplicável, a título subsidiário, o regime geral previsto no Decreto-Lei nº 433/82, de 27.10[235] (regime geral das contraordenações), conforme dispõe o art. 549º, do CT.

O regime jurídico das contraordenações laborais encontra-se previsto nos arts. 548º a 566º, do CT.

---

[233] *Direito Penal e Direito de Mera Ordenação Social*, BFD, Coimbra, 1973, p. 268.

[234] *Ibidem.*

[235] Com as alterações introduzidas pelos Decretos-Leis nº 433/82, de 27/10, nº 356/89, de 17/10, nº 356/89, de 17/10, nº 244/95, de 14/09, nº 323/2001, de 17/12 e pela Lei nº 109//2001, de 24/12.

O art. 548º do CT, define contraordenação como "todo o facto típico, ilícito e censurável que consubstancie a violação de uma norma que consagre direitos ou imponha deveres a qualquer sujeito no âmbito da relação laboral e que seja punível com coima".

Apesar das diferenças substanciais entre o ilícito penal e o ilícito de mera ordenação social, o direito contraordenacional recebe alguns dos princípios do direito penal:[236]

- princípio da legalidade
- princípio da não-retroatividade da lei penal
- princípio da aplicação da lei (ou do regime) mais favorável (*lex mellior*).

2. Sujeitos contra-ordenacionais

Em relação ao regime anterior, é de destacar a instituição da responsabilidade do empregador por contraordenação, ainda que praticadas pelos seus trabalhadores no exercício das respetivas funções, bem como por outros sujeitos no âmbito da relação laboral (art. 551º, nº 1, do CT), como o dono da obra, o responsável pelos projetos de especialidade, o responsável pelo projeto da obra, o subcontratado.

O Código do Trabalho pretendeu consagrar o sentido mais abrangente possível, por forma a imputar a contraordenação à pessoa coletiva, à associação sem personalidade jurídica ou a comissão especial (nº 2).

Se o infrator for pessoa coletiva, respondem pelo pagamento da coima, solidariamente com aquela, os respetivos administradores, gerentes ou diretores (nº 3).

Ainda, o contratante é responsável solidariamente "pelo pagamento da coima aplicada ao subcontratante que execute todo ou parte do contrato nas instalações daquele ou sob responsabilidade do mesmo, pela violação de disposições a que corresponda uma infração muito grave, salvo se demonstrar que agiu com a diligência devida (nº 4).

---

[236] *V.*, em desenvolvimento, PAULA QUINTAS e HELDER QUINTAS, *Manual de Direito do Trabalho e de Processo do Trabalho*, Almedina, 5ª ed., 2016, p. 297 e ss.

3. Moldura cominatória

As infrações classificam-se, segundo o art. 553º, do CT, e tendo em conta a relevância dos interesses violados, em:

i) leves,
ii) graves,
iii) muito graves.

No regime das contraordenações laborais, por contraposição ao regime geral, destaca-se a regra da punibilidade da negligência (art. 550º, CT).

Assim, a moldura cominatória a fixar, tem em conta, além do volume de negócios da empresa, o grau de culpa do infrator, se dolosa ou negligente (art. 554º, nº 1, do CT), a natureza e estrutura do agente (art. 555º, nº 1, do CT) e o tipo de normas violada (art. 556º, nº 1, do CT), desconsiderando o número de trabalhadores. O desrespeito de medidas recomendadas em auto de advertência é ponderado, entre outros, para efeitos de aferição da existência de conduta dolosa (art. 557º, do CT).

A determinação da medida da coima faz-se, ainda, atendendo ao regime geral, em função da gravidade da contraordenação, da culpa, da situação económica do agente e do benefício económico que este retirou da prática da contraordenação (art. 18º, nº 1, do RJCO); e em conformidade com o regime especial, atendendo à medida do incumprimento das recomendações constantes do auto de advertência (art. 557º, do CT), da coação, da falsificação, da simulação ou outro meio fraudulento usado pelo agente (art. 559º, nº 1, do CT) e no caso de violação de normas de segurança e saúde no trabalho, dos princípios gerais de prevenção a que devem obedecer as medidas de proteção, bem como da permanência ou transitoriedade da infração, do número de trabalhadores potencialmente afetados e das medidas adotadas pelo empregador para prevenir os riscos (nº 2).

O art. 556º, nº 1, do CT, imputa um agravamento (para o dobro) dos valores máximos das coimas aplicáveis a contraordenações muito graves previstos no nº 4, do art. 554º, do CT, nos casos de violação de normas sobre:

– trabalho de menores;
– segurança e saúde no trabalho;
– direitos de estruturas de representação coletiva dos trabalhadores e,
– direito à greve.

A coima é estabelecida em UC (Unidade de Conta Processual), na qual é expressa a taxa de justiça (art. 5º, nº 1, do Regulamento das Custas Processuais, aprovado pelo DL nº 34/2008, de 26.02, na redação dada pela Lei nº 7-A/2016, de 30/03).

A UC é atualizada anual e automaticamente de acordo com o indexante dos apoios sociais (IAS), devendo atender-se, para o efeito, ao valor de UC respeitante ao ano anterior (art. 5º, nº 2, do Regulamento das Custas Processuais)."[237]

Para além da aplicação cominatória, e cumulativamente com esta, pode ser aplicada a sanção acessória de publicidade, no caso de contraordenação muito grave ou reincidência do agente[238] em contraordenação grave, quando a contraordenação tenha sido praticada com dolo ou negligência grosseira (art. 562º, nº 1, CT).

No caso de reincidência em contraordenação, tendo em conta os efeitos gravosos para o trabalhador ou o benefício económico retirado pelo empregador com o incumprimento, podem ainda ser aplicadas as seguintes sanções acessórias (nº 2):

- interdição do exercício de atividade no estabelecimento, unidade fabril ou estaleiro onde se verificar a infração, por um período até dois anos (al. *a*));
- privação do direito de participar em arrematações ou concursos públicos, por um período até dois meses (al. *b*)).

A publicidade da decisão condenatória consta do nº 3.

4. Procedimento contraordenacional laboral

O procedimento das contraordenações compete às seguintes autoridades administrativas (art. 2º, nº 1, da Lei nº 107/2009, de 14 de setembro):

a) A ACT quando estejam em causa contraordenações por violação de norma que consagre direitos ou imponha deveres a qualquer sujeito no âmbito de relação laboral e que seja punível com coima.

b) Ao Instituto de Segurança Social, I.P. (ISS, I.P), quando estejam em causa contraordenações praticadas no âmbito do sistema de segurança social.

---

[237] Nosso *Regime (O) jurídico dos despedimentos,* já cit., p. 124 e ss.
[238] Quanto ao conceito de reincidente, *v.* art. 561º, nº 1, do CT.

A decisão dos processos de contraordenação compete às entidades referidas no art. 3º.

O procedimento é faseado, contemplando:

a) Auto de notícia e participação

O processo contraordenacional inicia-se com o auto de notícia e a participação elaborados pelos inspetores do trabalho ou da segurança social, consoante a natureza das contraordenações em causa (art. 13º, nº 1, da Lei nº 107/2009, de 14 de setembro).

b) Auto de infração

O auto de infração é levantado por qualquer técnico da segurança social (art. 14º, nº 1, da Lei nº 107/2009, de 14 de setembro).

O auto de notícia, a participação e o auto de infracção mencionam especificadamente os factos que constituem a contra-ordenação, o dia, a hora, o local e as circunstâncias em que foram cometidos e o que puder ser averiguado acerca da identificação e residência do arguido, o nome e categoria do autuante ou participante e, ainda, relativamente à participação, a identificação e a residência das testemunhas (art. 15º, da Lei nº 107/2009, de 14 de setembro).

c) Direito de defesa

O auto de notícia, a participação e o auto de infração são notificados ao arguido, para, no prazo de 15 dias, proceder ao pagamento voluntário da coima (art. 17º, nº 1, da Lei nº 107/2009, de 14 de setembro), ou, em alternativa, apresentar resposta escrita ou comparecer pessoalmente para apresentar resposta, devendo juntar os documentos probatórios de que disponha e arrolar ou apresentar testemunhas (até ao máximo de duas por cada infração), nos termos do nº 2.

i) pagamento voluntário da coima

O pagamento voluntário da coima é concedido no caso de infrações leves, graves e muito graves praticadas com negligência (art. 19º, nº 1, da Lei nº 107/2009, de 14 de setembro). Nos casos em que a infração consistir na falta de entrega de mapas, relatórios ou outros documentos ou na omissão de comunicações obrigatórias, o pagamento voluntário da coima é possível se o arguido sanar a falta no mesmo prazo (nº 2).

MANUAL DE DIREITO DA SEGURANÇA E SAÚDE NO TRABALHO

O pagamento voluntário da coima, nos termos do nº 1, equivale a condenação e determina o arquivamento do processo, não podendo o mesmo ser reaberto, e não podendo os factos voltar a ser apreciados como contraordenação, salvo se à contraordenação for aplicável sanção acessória, caso em que prossegue restrito à aplicação da mesma (nº 3).

Se o infractor agir com desrespeito das medidas recomendada no auto de advertências, a coima pode ser elevada até ao valor mínimo do grau que corresponda à infração praticada com dolo (art. 19º, nº 4, da Lei nº 107/ /2009, de 14 de setembro).

Nos processos instaurados para aplicação das coimas podem constituir--se assistentes as associações sindicais representativas dos trabalhadores relativamente aos quais se verifique a contraordenação (art. 23º, nº 1, da Lei nº 107/2009, de 14 de setembro).

A decisão condenatória deve ser fundamentada (art. 25º, da Lei nº 107/ /2009, de 14 de setembro).

Permite-se o pagamento da coima em prestações (art. 27º, da Lei nº 107/ /2009, de 14 de setembro).

BIBLIOGRAFIA

ALEGRE, Carlos – "A questão da responsabilidade criminal em segurança, higiene e saúde no trabalho", IV CNDT Almedina, 2002.
– "Acidentes de trabalho e doenças profissionais", 2ª edição, Almedina, 2001.

AMADO, Leal – "Breve apontamento sobre a incidência da revolução genética no domínio juslaboral e a Lei nº 12/2005, de 26.01", QL, nº 25.

ANDRADE, Manuel da Costa – "Direito Penal Médico – sida: testes arbitrários, confidencialidade e segredo", Coimbra Editora, 2004.

ARAGÃO, Maria da Conceição – "A responsabilidade do Fundo de Acidentes de Trabalho", PDT, nº 70.

CABRAL, Fernando e ROXO, Manuel – "Segurança e saúde do trabalho", Legislação Anotada, 3ª edição, Almedina, 2004.

CAMPOS, Mota, "Manual. De Direito Comunitário", Fundação Calouste Gulbenkian, Lisboa, vol. III, 1991.

CANOTILHO, Gomes e MOREIRA, Vital – "Constituição da República Portuguesa Anotada", 4ª ed. revista e ampliada, Coimbra Editora, 2006.

CARVALHO, Paulo Morgado de – "Um olhar sobre o atual regime jurídico dos acidentes de trabalho e das doenças profissionais. Benefícios e Desvantagens", QL, nº 21.

CASTRO, Catarina Sarmento e – "Direito da informática, privacidade e dados pessoais", Almedina, 2005.
– "A proteção dos dados pessoais dos trabalhadores", QL, nº 19.

COIMBRA, Dias, "O princípio da menor perigosidade, na Diretiva 89/391/CEE, sobre segurança e saúde no trabalho", QL, nº 19, Coimbra Editora.

COLAÇO, António Bernardo – "O infectado de VIH: a aguardar cidadania plena em sede laboral (resenha jurisdicional: pistas para uma solução jurídica)", Revista do Ministério Público, ano 24, nº 93.

CORREIA, Eduardo – "Direito Penal e Direito de Mera Ordenação Social", BFD, Coimbra, 1973.

CORREIA, João – "Direito Penal Laboral – as contraordenações laborais", QL, nº 15.

DAY, Guilherme – "Autonomia privada e igualdade na formação e execução de contratos individuais de trabalho", Estudos do IDT, vol. I, Almedina.
– "Justa causa e esfera privada", Estudos do Instituto do Direito do Trabalho, Vol. II, Almedina, 2001.

DUARTE, David, PINHEIRO, Alexandre, ROMÃO, Manuel e DUARTE, Tiago, "Legística – Perspetivas sobre a concepção e redação de atos normativos", Ministério da Justiça, Almedina, 2002.

FARIA, Paula de – "Comentário Conimbricense do Código Penal", Coimbra Editora, 199.

FERNANDES, Monteiro – "Direito do Trabalho", Almedina, 12ª edição, 2004.

FESTAS, David de Oliveira – "O direito à reserva da intimidade da vida privada do trabalhador no Código do Trabalho", ROA, Ano 64, Lisboa, Nov. 2004.

GOMES, Júlio – *O acidente de trabalho – o acidente in itinere e a sua descaracterização*, Coimbra Editora, 2013, p. 31.

GUERRA, Amadeu – "Privacidade (A) no local de trabalho – as novas tecnologias e o controlo dos trabalhadores através de sistemas automatizados – umas abordagem ao Código do Trabalho", Almedina, 2004.

LEITÃO; Menezes – "A proteção dos dados pessoais no contrato de trabalho", in «A reforma do Código do Trabalho», Coimbra Editora, 2005.

LEITÃO, Luís Manuel Menezes – *O regime jurídico dos acidentes de trabalho é estranho ao instituto da responsabilidade civil – Acidentes de Trabalho e responsabilidade civil*, ROA, 1988, Ano 48, nº 3, pp. 773.

LEITE, Jorge – "Direito penal do trabalho: uma sentença histórica", QL nº 11.
– "Código do Trabalho – Algumas questões de inconstitucionalidade", QL, nº 22, Coimbra Editora.

LIZARDO, João Palla – "Exames médicos obrigatórios e direitos de personalidade", QL, nº 24.

LOUIS, J. V. – "A Ordem Jurídica Comunitária", 3ª ed., Bruxelas, Comissão das Comunidades Europeias, Col. Perspetivas Europeias.

MARTINEZ, Romano – "Direito do Trabalho", Almedina, 2002.

MACHADO, Jónatas – *Liberdade de expressão – dimensões constitucionais da esfera pública no sistema social*, Coimbra Editora, *Studia Iuridica*, 2002.

MARTINEZ, Pedro Romano, e outros, "Código do Trabalho Anotado", 2ª ed., Almedina, 2004.

PALMA, Maria do Rosário e BRITO, Pedro Madeira, "Contrato de Trabalho na Administração Pública – Anotação à Lei nº 23/2004, de 22.06", Almedina, 2004.

PALMA, Maria João e ALMEIDA, Luís Duarte de – "Direito Comunitário", AAFDL, Lisboa, 2000.

PIMPÃO, Céline Rosa – *A tutela do trabalhador em matéria de segurança (higiene) e saúde no trabalho*, Dissertação de Mestrado, Coimbra Editora, 2011.

PINTO, Paulo – "O direito à reserva sobre a intimidade da vida privada", Boletim da Faculdade de Direito da Univ. de Coimbra, vol. LXIX.

PINTO, Paulo Mota – *A proteção da vida privada e a Constituição*, BFDUC, Coimbra, 2000.

PINTO, Ricardo Leite – *Liberdade de imprensa e vida privada*, Revista da Ordem dos Advogados. Lisboa: Ano 54, abril de 1994.

QUINTAS, Paula – *Os direitos de personalidade consagrados no Código do trabalho na perspetiva exclusiva do trabalhador subordinado – direitos (desfigurados)*, Almedina, 2013.
– "A precariedade dentro da precariedade ou a demanda dos trabalhadores à procura de primeiro emprego", Questões Laborais, nº 24.
– Problemática (Da) do efeito direto nas diretivas comunitárias", Dixit, 2000.

QUINTAS, Paula e QUINTAS, Helder – "O regime jurídico dos despedimentos", Almedina, 2005.

- "Código do Trabalho Anotado e Comentado", Almedina, 3ª ed., 2012, em co-autoria.
- "Manual de Direito do Trabalho e de Processo do Trabalho", Almedina, 2016, 5ª edição, em co-autoria.

REBELO, Glória – "Teletrabalho e privacidade – Contributos e Desafios para o Direito do Trabalho", RH Editora, 2004.

REDINHA, Maria Regina – "Utilização de novas tecnologias no local de trabalho – algumas questões (Sumário)", IV Congresso Nacional de Direito do Trabalho, Almedina.

REGO, Lopes do – "Higiene e saúde no trabalho – exames obrigatórios – reserva da vida privada – Acordão nº 368/02 do Tribunal Constitucional, de 25 de setembro de 2002, Comentário", Revista do Ministério Público, ano 23, nº 92, Out/Dez 2002.

RIBEIRO, Soares – "Contraordenações laborais", Almedina, 2ª ed., 2003.
- "Contraordenações no Código do Trabalho", QL, nº 23.
- "Notas sobre crimes em contexto laboral", João Soares Ribeiro, PDT, nº 86, maio-ag. 2010, CE.

ROXO, Manuel – "Segurança e saúde do trabalho: avaliação e controlo de riscos", Almedina, 2ª ed., 2004.

SILVA, Maria Manuela Maia da – "A discriminação sexual no mercado de trabalho – Uma reflexão sobre as discriminações diretas e indiretas", QL, nº 15, 2000.

SOARES, João Ribeiro – "Contraordenações laborais", Almedina, 2ª ed., 2003.

TEIXEIRA, Sónia, "A proteção dos direitos fundamentais na revisão do Tratado da União Europeia", AAFDL, Lisboa, 1998.

TELLES, Inocêncio Gallvão, "Introdução ao Estudo do Direito", Lisboa, 1996.

ÍNDICE ANALÍTICO

Acidentes de trabalho
- Agravamento da responsabilidade do empregador, 163
- Direito de indemnização, 160
- Direitos e deveres do trabalhador durante o período de incapacidade temporária parcial, 162
- Exclusão e redução da responsabilidade, 155
- Extensão do conceito, 152
- Nota prévia, 143
- Noção, 148
- Prescrição do direito à indemnização, 163
- Sujeitos abrangidos, 146

Atividades técnicas de segurança e saúde no trabalho, 68, 121

Atos jurídicos da UE, 37

Adaptabilidade do horário de trabalho, 135

Alteração do horário de trabalho, 137

CNECV e dados pessoais, 91

CNPD e dados pessoais, 88

Comissão, 21

Comissão Europeia dos Direitos do Homem, 87

Conselho (de Ministros), 20

Conselho da Europa, 87

Conselho Europeu, 23

Consentimento informado
- noção, 102

Contraordenações laborais
- Definição, 181
- Moldura cominatória, 183
- Procedimento, 184
- Sujeitos, 182

Convenção da OIT nº 155, 31

Crimes laborais
- contra a segurança social, 178
- contra cidadãos estrangeiros, 179
- no CP, 177
- no CT, 178

Decisão – 40

Deveres do trabalhador, 71

Dever de informação, 101

Direito Comunitário, 19

Direito à informação, 82

Direito confirmativo da informação (nos dados pessoais), 84

Direito da segurança e saúde do trabalho. Introdução, 11

Direitos de personalidade do trabalhador e do candidato a emprego, 77

Direitos dos trabalhadores – quanto à segurança e saúde no trabalho, 74

Direito penal do trabalho, 175

Diretiva, 39
- Diretiva Quadro nº 89/391/CEE, 33
- Dispensa se serviço interno, 53

Doenças crónicas, 171

Doenças de declaração obrigatória, 173

Doenças profissionais, 171

Ficha clínica, 107

Ficha de aptidão, 107

Fontes de Direito
- Constitucional, 24
- Lei, 16
- Sentidos, 15
- Tratados internacionais, 19

Fontes de Direito do Trabalho
- Código do Trabalho, 25
- Instrumentos de Regulamentação Coletiva de Trabalho, 26
- Internacionais, 29
- Lei Constitucional, 24
- Comunitárias, 36

Fundo de Acidentes de Trabalho, 168

Instituições da União Europeia
- Competências, 20

Instrumentos de Regulamentação Coletiva de Trabalho
- Negociais, 26
- Não negociais, 26

Lei, 16

Lei Constitucional, 24

Médico do trabalho, 106

Menores, 125

Meios de vigilância à distância, 116

Organização dos serviços de prevenção das empresas
- Quadro legislativo, 47
- Saúde no trabalho, 106
- Segurança no trabalho, 121
- Serviços externos, 55
- Serviços comuns, 68
- Serviços internos, 52

OIT e os dados pessoais, 86

Orgãos da União Europeia (v. Instituições da União Europeia), 20

Parlamento Europeu, 22

Património genérico, 98

Presunção da celebração de contrato de trabalho, 46

Princípio da adequabilidade, 48

Princípio da economia, 51

Princípio da igualdade, 115

Princípio da não discriminação, 115

Princípio da publicitação, 51

Princípio da qualidade, 49

Princípio da suficiência, 49

Princípio do tratamento mais favorável, 27

Princípio da qualidade, 49

Princípios jurídicos comunitários relevantes, 41

Património genético (proteção), 98

Regime Jurídico de Segurança e Saúde no Trabalho, 29

ÍNDICE ANALÍTICO

Regime simplificado, 53

Regulamento, 38

Relações laborais subordinadas, 43

Representante dos trabalhadores para a sst, 123

Saúde no trabalho
– Noção, 11, 68, 106

Segurança no trabalho
– Noção, 11, 68, 121

Serviços exercidos pelo próprio empregador, 54

Serviços externos
– Autorização administrativa, 64
– Noção, 55
– Minuta de contrato de prestação, 58
– Modalidades, 56
– Organização, 56

Serviços internos
– Atividades exercidas pelo empregador ou por trabalhador designado, 54
– Dispensa, 53
– Noção, 52

Serviços comuns
– Noção, 68

Tabela Nacional de Incapacidades, 173

Técnico de segurança no trabalho, 121

Tempo de trabalho
– Adaptabilidade do horário de trabalho, 135
– Alteração do horário de trabalho, 137
– Penosidade no desempenho, 137
– Trabalho por turnos, 137
– Trabalho noturno, 140
– Trabalho suplementar, 138

Trabalhadoras grávidas, puérperas ou lactantes, 127, 131

Trabalhadores menores, 125

Trabalhadores representantes, 130, 132

Trabalhadores com capacidade de trabalho reduzida, 128

Trabalhador com deficiência ou doença crónica, 129

Tribunal Constitucional, 97

Tribunal de Justiça, 23

ÍNDICE GERAL

PREFÁCIO	5
ABREVIATURAS	7

CAPÍTULO I – Introdução ao direito da segurança e saúde do trabalho	11
1. O direito da segurança e saúde do trabalho como direito nascente:	11
Breve indicação histórica:	12

CAPÍTULO II – As fontes de Direito	15
1. Breve apontamento sobre a existência, vinculatividade e vigência do Direito	15
2. A lei	16
2.1. Função legislativa do Governo	18
2.2. Tratados internacionais	19
2.2.1. Processo de conclusão dos Tratados	19
2.3. O Direito Comunitário	19
2.3.1. As instituições da União Europeia	20
2.3.2. Os órgãos da Comunidade	20
3. Fontes de Direito do Trabalho	24
3.1. Lei constitucional	24
3.2. Código do Trabalho	25
3.3. Os instrumentos de regulamentação coletiva	26
3.4. O princípio do tratamento mais favorável	27
3.5. O Regime Jurídico de Segurança e Saúde no Trabalho	29
3.6. Fontes internacionais	29
3.6.1. Convenções internacionais gerais	29
3.6.2. A Diretiva-Quadro do Conselho nº 89/391/CEE, de 12 de junho de 1989, relativa à aplicação de medidas destinadas a promover a melhoria da segurança e da saúde dos trabalhadores no trabalho	33

MANUAL DE DIREITO DA SEGURANÇA E SAÚDE NO TRABALHO

4. As fontes comunitárias	36
4.1. Os atos jurídicos da União Europeia	37
4.2. O regulamento	38
4.3. A diretiva	39
4.4. A decisão	40
4.5. Princípios jurídicos comunitários relevantes	41

CAPÍTULO III – Enquadramento contratual das relações laborais	43
1. As relações laborais subordinadas	43
2. A presunção da celebração de um contrato de trabalho	45
3. Os contratos equiparados ao contrato de trabalho	46

CAPÍTULO IV – O regime jurídico da organização dos serviços de prevenção das empresas	47
1. Quadro legislativo atual	47
2. Enquadramento dos serviços internos, comuns e externos	47
2.1. Princípios orientadores do enquadramento	48
3. A organização dos serviços de segurança e saúde no trabalho	52
3.1. Serviço interno	52
4. Serviços externos	55
4.1. Autorização administrativa do serviço externo	64
5. Serviço comum	68
5.1. Atividades técnicas de segurança e saúde no trabalho	68
6. Funcionamento dos serviços de segurança e saúde no trabalho	69
7. Direitos e deveres dos trabalhadores	71
7.1. Deveres dos trabalhadores	71
7.2. Direitos dos trabalhadores	74

CAPÍTULO V – O direito de segurança no trabalho e os direitos de personalidade do trabalhador e do candidato a emprego	77
Questão prévia	77
1. O direito à informação do empregador e sua articulação com os dados pessoais, sensíveis e hipersensíveis do trabalhador	78
2. O direito à informação no Código do Trabalho	82
3. O direito confirmativo da informação	84
4. A posição da Organização Internacional de Trabalho	86
5. A posição da Comissão Europeia dos Direitos do Homem	87
6. A posição do Conselho da Europa	87
7. A posição da Comissão Nacional de Proteção de Dados	88

ÍNDICE GERAL

8. A posição do Conselho Nacional de Ética para as Ciências da Vida   91
9. A posição do Tribunal Constitucional   97
10. A proteção do património genético   98
11. O dever de informação do trabalhador e do candidato a emprego como emanação do dever de lealdade   101
12. A questão do consentimento informado   102
13. A intervenção do médico do trabalho: promoção e vigilância na saúde   106
    13.1. A ficha de aptidão e o segredo médico   107
    13.2. A comunicação da doença às autoridades sanitárias, ao próprio trabalhador e a terceiros   114
14. A eventual violação dos princípios da igualdade e da não discriminação   115
15. Meios de vigilância à distância   116

CAPÍTULO VI – A intervenção dos técnicos de segurança no trabalho e dos representantes dos trabalhadores para a segurança e saúde no trabalho   121
1. O técnico superior de segurança no trabalho e o técnico de segurança no trabalho   121
2. Os representantes dos trabalhadores para a segurança e saúde no trabalho   123

CAPÍTULO VII – O regime de tutela dos trabalhadores vulneráveis   125
1. A proteção de grupos de trabalhadores vulneráveis no desempenho laboral   125
    1.1. Menores   125
    1.2. Trabalhadoras grávidas, puérperas ou lactantes   127
    1.3. Trabalhadores com capacidade de trabalho reduzida   128
    1.4. Trabalhadores com deficiência ou doença crónica   129
2. A proteção especial dos trabalhadores representantes   130
3. A proteção dos trabalhadores vulneráveis em caso de despedimento ilícito   131
    3.1. Trabalhadora grávida, puérpera ou lactante   131
    3.2. Trabalhadores representantes   131
4. Os trabalhadores vulneráveis e o tempo de trabalho   133
    4.1. Introdução   133
    4.2. A adaptabilidade do horário de trabalho   135
    4.3. A alteração do horário de trabalho   137
    4.4. A penosidade no desempenho   137
       4.4.1. Trabalho por turnos   137
       4.4.2. Trabalho suplementar   138
       4.4.3. Trabalho noturno   140

MANUAL DE DIREITO DA SEGURANÇA E SAÚDE NO TRABALHO

CAPÍTULO VIII – Os acidentes de trabalho ... 143
1. Nota prévia ... 143
2. Sujeitos abrangidos ... 146
3. Noção ... 148
4. Extensão do conceito ... 152
5. Exclusão e redução da responsabilidade ... 155
6. Direito de indemnização ... 160
7. Direitos e deveres do trabalhador durante o período de incapacidade temporária parcial ... 162
8. A prescrição do direito à indemnização ... 163
9. Agravamento da responsabilidade do empregador ... 163
10. Fundo de Acidentes de Trabalho ... 168

CAPÍTULO IX – As doenças profissionais, as doenças crónicas e as doenças de declaração obrigatória ... 171
1. As doenças profissionais ... 171
2. As doenças crónicas ... 171
3. As doenças de declaração obrigatória ... 173
4. A Tabela Nacional de Incapacidades ... 173

CAPÍTULO X – Direito penal do trabalho ... 175
1. O direito penal do trabalho como realidade jurídica emergente ... 175
2. Crimes laborais ... 177

CAPÍTULO XI – O regime jurídico das contraordenações laborais ... 181
1. Definição de ilícito contraordenacional ... 181
2. Sujeitos contraordenacionais ... 182
3. Moldura cominatória ... 183
4. Procedimento contraordenacional laboral ... 184

BIBLIOGRAFIA ... 187
ÍNDICE ANALÍTICO ... 191
ÍNDICE GERAL ... 195